Rich致富263

從法人手中賺到錢

全台第一本類股籌碼分析全攻略

林洸興｜著

高寶書版集團

在零利率的時代，
投資已是每個人戰勝通膨必備的生存技能。
台股市場是你我資訊取得最方便、
最容易上手的投資領域，
透過細心研究法人的交易，
借力使力，你也能成為贏家。

—林洸興—

【推薦序】
別當內線的最後一隻老鼠

兆豐國際豐台灣基金經理人　李憲彥

我是公募基金經理人，雖然只負責台股的部分，但是一樣得接觸全球的財金資訊，鉅亨網是我常用來吸收新知的網站，也是在這個網站發現到洸興的「外匯最前線」部落格，在這裡擁有我想看到的資訊，而且很多資料是坊間較為少見的。

他的分析的邏輯推論很紮實，雖然不會勝率100%（事實上，也沒有任何人勝率100%），也常常預估錯誤。但是對我而言，最寶貴的是，論證過程與資料蒐集與驗證的功夫，非常具有價值。

我每天都會上網觀看，並當作我決策判斷的重要依據，雖然不會照單全收，有時也是看法不一樣，但是我還是會重視他的推論與結論！

　　對於籌碼分析，裡頭所強調法人籌碼面跟選股的關係，而我的角色正是投信的法人，在此我有些觀察可以分享：投信基本上，大部分是因為基本面的變化在買賣基金的有人喜歡看技術面，但是基本面絕對還是投信投資時的重要考量。投信可以跟公司做拜訪，拿到比較新的產業與個股資訊，確實相對於一般散戶有資訊優勢，且投信有投資專業可以對財報或基本面做比較合理且正確的解讀，這也是散戶比較不容易做到的，所以參考投信的操作，有一定的重要性。

　　書中有提到外資是靠長期投資好公司賺大錢的，不是靠買對公司獲利的，這點在我的經驗上面非常符合。去（2011）年 8 月時外資大賣，鴻海、緯創、台達電的重要權值股，市場同時也非常悲觀。我當機立斷外資並沒有內線，所以賣出的動作應該不是基本面的利空，純粹是籌碼因素。

　　當下就大買這些權值股，最後財報公告，鴻海的財報確實不差，甚至還優於很多法人的預期，所以後面這些股票都大漲回合理的價格，這個例子可以給大家參考。

　　我還有另外一個例子，就是宏達電已經有好幾次的

經驗，即每次宏達電公告利空前，外資會一面倒的大賣
與調降評等，你這時得尊重一下外資看法，因為他們得
到的內線比你早。你不要傻傻的看說宏達電跌深，評價
這麼便宜，而去跟外資對作。你至少應該先不要買進，
先觀察一下基本面的資訊，是否有你不知道但是外資卻
每個人都知道的資訊！寧願等一下、寧願錯失買點，也
不要最後發現又當內線最後一隻老鼠了。

我的小結論是，法人一天進出上百檔股票，其中真
正值得追蹤參考的可能不到 10％，這與作者的論點不謀
而合。當我們看到這些法人的進出時，我們必須要判斷
這些法人是基於啥原因而進出，而不是跟隨其進出。有
時候反而要反著操作的。籌碼分析與基本面資訊一樣，
只有經過審慎篩選後的資料，才會真正有效。

【前言】

如果你閱讀這本書的目的，是期待能找到輕鬆獲利的方法，我相信你一定會失望！過去十多年筆者在金融市場看過無數輕鬆被騙的案例，就是沒看過輕鬆獲利這回事。

金融市場中有無數的菁英絞盡腦汁在找尋賺錢的機會，不肯下功夫瞭解並且學習的人永遠只能當贏家口中的肥羊。

如果你期待讀完本書後，立刻學會精妙的賺錢招式，也勸你直接放棄吧！想在金融市場勝出，花費心力辨別資訊，審慎分析當然十分重要，但如果沒有建立正確可行的投資邏輯，最後仍會徒勞無功。不論採用甚麼樣的交易手段，永遠都擺脫不了風險：

順勢交易聽起來很美好，但是實際上就是追高殺低，代價是可能買在最高點，或是賣在歷史低價。低買高賣聽起來似乎很明智，不過這就是逆勢交易，稍有不

慎就可能面臨資產腰斬的慘況。長期投資是巴菲特崇尚的投資策略，但一般人若選股不當，買到爛公司長抱股票 20 年，最後公司不幸下市，持股只能當壁紙。短線投資就安全了嗎？不盡然，源源不絕的手續費與稅金消耗，同樣會造成資金重大虧損。

交易手段並沒有絕對的好壞之分，只要使用的時機恰當，就會是賺錢的策略。投資股票最重要的基本功是篩選股票，只要選股做得好，自然能大幅降低風險，贏在起跑點。過去 10 年來，只要是做多買進晶圓代工產業的台積電的投資人，不論是老手還是菜鳥，賺得絕對比投資 Dram 股茂矽、力晶的還要豐厚。問題是：如何在 10 年前就知道台積電遠比力晶有前景？選股與預測未來是一項非常艱鉅的工作，但並非不可能的任務。10 年前看不出台積電比力晶好，那至少 5 年前，或是 3 年前應該看得出來吧！若自己無法從台股 1500 多檔股票中挑出金雞母，那借力使力，從專家買賣的 3、50 檔股票中再做精選，應該就是每個投資人能力可負擔的工作。

「投資部位才是真正的看法，真正對未來的預測」，金融市場爾虞我詐，充斥的誇大美化、扭曲與欺騙，不

論是專家的分析，或是財務數據，都不可盡信。只有真正下單買賣的部位，不會騙人。這就是籌碼分析的基礎原理，投信與外資這些專業投資人的說法並不重要，無須相信。他們的買賣決策才是真正有用的參考資訊來源，這些法人並不是金融市場的必勝贏家。它們只是擁有更多時間與資源研究行情的一群人罷了，不過 1000 個法人等於是股市 1000 個臭皮匠，把這群臭皮匠真正的預測綜合起來，就能打敗「市場」這個真正的諸葛亮。

　　每個人適合的交易策略，會隨著個性、野心，與資金狀況有很大的不同。不同的策略，對應的分析重點也會有差異，以法人買賣訊息為主軸的籌碼分析。適合投資時間長度為一周以上，9 個月以下的波段操作。更長的投資週期，仍應將分析重點放在產業基本面上，各位讀者若有心在波段操作上找出獲利方法，除了瞭解本書所說的原理以外，仍需在投資實戰中細心體會，專注學習，才可能成為少數的贏家。

附註：本書所列出的籌碼數據資料與統計方法，已逐步整合至鉅亨網「籌碼贏家」分析軟體中，網址為：http://www.cnyes.com/personal/bargain/

目錄 | CONTENTS

第一篇
股票市場的錢被誰賺走了？

認識股票市場的玩家、贏家，與輸家，
你才知道要如何加入戰局！

股票市場的錢被誰賺走了？

「誰在股票市場賺錢？」這是所有投資人永遠好奇的問題。找出市場的贏家，才能找出在股市戰勝市場的手段。事實上，這個問題的答案一點都不難！來看一下以下的數字（以 2010 年台股為例，資料來源：證交所、公會數據）：

1. 全體上市企業獲利約 1.4 兆元台幣。

2. 全體配息總額約 8,200 億元台幣。

3. 現金增資 448 億元台幣，除權 1,590 億元台幣。

4. 籌資（IPO）金額約 590 億元台幣。

5. 估計員工分紅總值達 1,200 億元台幣。

6. 證交稅約 1,000 億元台幣。估計券商獲取交易手續費（已扣除折讓）：640 億元台幣。

假如股票市場一整年指數與股價都沒變化。這市場依然不是零和市場，有部分投資人仍在賺大錢！不斷為市場注入資金活水的，就是企業的獲利與配息。而常態

從股票市場不斷吸血，賺走大把鈔票的依序是：

1. 企業員工分紅配股。

2. 政府抽稅。

3. 券商手續費。

4. 新股與現金增資圈錢。

　　很多投資人以為主力、大戶法人能呼風喚雨，坑殺散戶，實際上完全不是這麼一回事。散戶大部分賠錢並不是輸在看法駑鈍，而是輸在過度頻繁交易的成本損耗上！法人（尤其是外資），真正大賺的原因也不是精準的漲跌研判，而是長期持有獲利的績優股，因此每年享受數千億的配息收入。除了企業正規的配股配息以外，投資人更關心價格漲跌產生的盈虧。這也不是零和遊戲！證交所經常會發新聞稿：「今年指數上漲，平均每位股民獲利 60 萬元。」這是怎麼一回事？說穿了，這完全是虛幻的紙上富貴！

　　假設台積電從 50 元漲到 100 元，每一個持有台積電股票的投資人都會覺得自己財富明顯增加。但假如台積電在 100 元的價格只成交了 1 張，實際上變現，真正賺

到錢的只有一個人，其他人都只是賺到心情愉快而已。同樣的，當台積電又跌回 50 元時，所有持股者都會覺得自己賠到錢。

股票市場裡，上漲時全體都是「帳面贏家」，下跌時通通成為「帳面輸家」。2010 年台股每日平均週轉率大約是 0.5％，也就是說在指數最高點的當週，只有約 3 ～ 5％的資金真正賣在高點賺到錢，這樣的金額絕不可能讓資金龐大的法人爽快獲利出場。「法人作手逢高出貨長揚而去」這種說詞大部分是散戶的幻想，而非真實狀況。根據過去觀察，股價在最高點時，逢高賣出的大多是散戶，法人反而站在追價的買方。只不過小跌一段之後，散戶就會轉為全力承接，一路套牢到破底。

短時間內，散戶反覆扮演輸家與贏家，真實輸贏與帳面盈虧交錯，讓投資人難以確認自己到底有沒有賺到錢。時間拉長，又不斷被交易成本吸取資金，累積起來就成了輸多贏少的狀況。這時散戶若不願正視「敗給自己頻繁交易」的事實時，很容易虛構出一個結論：「我被神祕的主力大戶坑殺了！資金小的散戶真悲哀。」

台灣有無數投資人在這樣錯誤的想像與認知下，陷

入投資分析的死胡同，永遠找不到獲利的途徑！只有破除錯誤的認知，才有機會成為市場真正的贏家：

1. 台股已逐步邁向法人的時代，主力逐漸式微。

2. 股價上漲，既不是炒作，也沒有陰謀坑殺，單純只是法人追逐高獲利高配息公司的正常現象罷了。

3. 反指標心態無太大意義，因為市場永遠的贏家是政府與證券公司。

如何找出有效的分析方法？

　　現實中的金融分析評論，幾乎永遠會誘使投資人做出錯誤的決定。媒體與金融分析師總是不斷的嘲笑散戶盲目的追高殺低，又苦口婆心的勸投資人要順勢操作，在下跌走勢中告訴投資人還會更糟，上漲時則描述現在不過是起漲階段，操作仍是追高殺低，只不過多了些聽起來很有道理的理由罷了。結果投資人永遠在錯亂中摸不著頭緒，而分析師們繼續無止境的指責散戶的不是。

　　這並不是媒體與金融業刻意惡搞。人是群體的動

物，從眾信服權威，這是天性的本能。人們想聽符合現狀的解釋，不想耗費心力仔細搜尋資訊，謹慎思考其他的可能性。金融分析評論為了吸引讀者的目光，大多投其所好，只講述一般人想聽的說法，恰好這類的分析說詞易學易懂，於是每一天的分析評論，恰似一面鏡子，反映出投資人心中的想法，慫恿人們順從自己的恐懼與貪婪。台灣的金融分析評論形成一個劣幣驅逐良幣的世界，不斷惡性循環。

　　媒體與分析師要不是盡力描述現狀，就是將理由歸咎於無從查證的陰謀論（主力、大戶、作手坑殺），反正人們想聽。每一天市場上都有許多人手上投資部位處於虧損狀態，這些人總是顯得較猶豫、徬徨。這時分析師痛罵散戶不認賠，盲目投資的說詞正好觸動投資人的認同感（這些人最希望的就是下一秒不再賠錢）。用主力法人坑殺散戶來解釋行情，容易讓投資人覺得自己是受害者，而非蠢蛋，原來分析師與自己是「同一國的」。**於是，投資人快速地建立起對分析師權威的認同感，完全不在意分析師對未來行情是否真的具有判斷能力！**

　　任何交易要成交，買方與賣方都可以找到充足的理由

支持自己的決定。不論在菜市場或是在股市原理都相同，買的人認為物超所值，賣的人也認為現在價位是自己占便宜，如此才能成交，使得每一天對行情的分析評論永遠是多空雜陳。分析師經常會建議：「等待局勢明朗再做決定不遲。」然而，這一天根本不存在！未來的行情永遠不明朗。不過至少可以知道，同一個時間點，看多與看空的理由，一定是不相同的。由此，可以得到一個重要的規則：

　　規則一：有用的分析，必須有一貫的邏輯；判斷的規則不能變來變去，如此才能辨別看多與看空的理由，哪一邊比較合理。

　　許多分析師在解釋現狀時，會用一大堆看起來很專業的專有名詞，或是奇妙的分析指標，但是每一天使用的原理都不一樣。今天下跌時告訴你經濟數據很糟，務必謹慎，隔天又說 KD 在低檔，行情可能落底，這就是濫用金融名詞描述現狀，吸引目光，但實際上無任何參考價值的典型範例。但要辨別其實並不難，只要建立一貫的邏輯，因此有效的分析方法還符合第二的原則。這個判斷的準則就不可能讓投資人每一分每一秒都賺錢！下圖是台股指數 5 分鐘線的走勢。

台股指數 5 分鐘線的走勢

資料來源：鉅亨網

　　行情會不斷的上上下下。如果在 1 小時之內都認定是行情走多上漲，那可能其中有 1、20 分鐘行情處於回檔。除非每一分每一秒都在改變判斷，才能做到真正的「神準」，可惜即使如此，不斷買賣的交易成本支出，也會讓投資人慘賠。

　　規則二：只要是一貫的判斷邏輯，就不可能隨時都賺錢，一定有符合規則但部位處於虧損的機率存在，分析方法必須要有辨別虧損是否合理的能力。

如果分析師罵投資人虧損時不停損，但自己卻持有賠錢部位，那不就很難自圓其說嗎？這讓分析師們不但判斷法則變來變去，而且總是表示自己持有獲利部位，或者已獲利了結。而真正有效的分析方法，一定會有虧錢的時候，而且在虧損狀態中，同一個判斷原則能分辨「這是合理虧損，可繼續持有」或者「局勢有變，應認賠出場」。

只要瞭解這兩條規則，投資人就已經能夠辨別90％以上的金融騙術。不過這仍不等於找到真正賺錢的法則，投資人還必須應付兩大難題：

1. 頻繁交易的成本損耗。
2. 極端行情發生的可能性（黑天鵝事件）。

分析師從來不談論交易成本的損耗，但實際上非常驚人！市場上找得到數不清的賺錢程式交易，卻往往真正用了之後總在小賠中度過大部分時光，最後在大賠中絕望。真相經常隱藏在微小處，讓人感受不到。

下圖這個小把戲，多出來的方塊到底是怎麼一回事?! 想得懂就知道大部分短線交易與程式交易的問題是

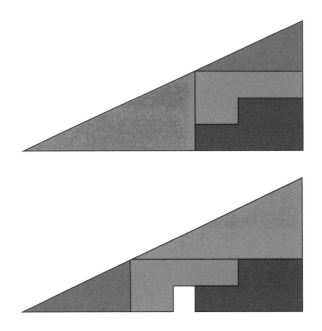

甚麼！你看到這個大的圖形組合根本不是三角形，斜邊不是一直線呀。但是如果你先入為主的認為這是三角，那就永遠找不出答案。**錯覺讓你陷入迷思！**

交易也是這麼一回事。成本看似微不足道，但累積起來卻能成為盈虧關鍵！投資大師們會刻意用這種錯覺造就穩賺的假象，投資人只需要評估一下交易頻率就能輕易破解。

以台股為例，0.3％稅金，0.1425％手續費，扣掉折

扣算 0.4％好了，感覺好像很少，但多次累積後就很驚人。如果 2 週做一次換股，1 年就 26 趟費用，加起來就是 10.4％，超過大部分的基金績效，也超過巴菲特所認為的合理報酬。若再加計買盤與賣盤 1 檔價差，大約等於 0.25％，1 年累積下來就是 6.5％。期指比較便宜嗎?!不見得！期指操作大多使用槓桿，只需要較少的保證金就能買賣較大的部位。槓桿放大了盈虧，也放大了手續費與稅金造成的支出。

一個年報酬率 17％的台股程式交易，平均 1 個月交易兩次保守操作。實際報酬＝ 0

萬一行情出現極度異常的快速漲跌，出現快市，下單無法成交時（比如說 911 事件爆發時，全球交易所宣布停止交易）。那即使行情研判正確，也只能眼睜睜看著虧損擴大。

解決交易成本與黑天鵝的方法，與行情分析無關，這需要投資人建立嚴謹的風險控管與不斷累積投資實戰經驗才能化解。

基本分析、技術分析、籌碼分析的差異

要能成為牌桌上的高手，算牌與察顏觀色是必備的技能。股票市場的操作相同，能預測投資人下一步動作會買進還是賣出，就能成為贏家。預測與分析行情的方法可以約略分為兩大類：**技術分析與基本分析。**

簡單做個定義：所有將過去交易的記錄（包含成交價、成交量等數據）透過數學運算後，作為猜測未來行情變動根據的方法，都稱作技術分析。

收集投資標的的特性（財務數字、產業、總體經濟），透過經濟與會計原理，推估合理的價值，並推衍行情可能的發展，就稱為基本分析。

技術分析＝客觀無看法？這是自欺欺人的想法！

很多人以為技術分析的優勢在於客觀，不對多變的未來擅加預測，實際上完全是錯誤的認知！技術分析只不過採用固定的規則來猜測未來罷了。以 KD 指標為例，常用的規則是「當 KD 小於 30 時，表示行情超賣，

這是買進訊號」。這樣的規則設定，與「當 KD 小於 30
時，就猜測未來行情會上漲」意義完全相同。技術分析
只不過是把判斷未來的模式固定化而已，這不是客觀，
而是僵化！用固定的模式猜測未來，好處是不會受到自
己情緒的影響，壞處是實際上勝率接近 50%，效用低。

**當 KD 出現買進訊號後，指數繼續下跌 500 點，3 週後
才真正開始反彈，這才是事實！**

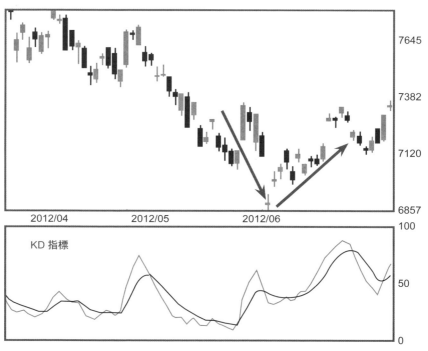

資料來源：鉅亨網

　　技術分析真正的效用是快速呈現過去交易的結果，這的確具有不易受到貪婪與恐懼等情緒左右的優點，但這些資訊只不過是判斷未來的一項參考資料罷了。死守技術分析死板的規則，閉眼不看基本面與消息面的投資人，只會讓自己陷於嚴重劣勢中而已。尤其是在極端的黑天鵝行情，投資新手會運用本能停、看、聽收手觀望，但過度迷信技術分析的投資人反而容易受重創。

　　基本分析能得到的判斷勝率會比較高。一家 EPS 10 元的企業，股價要從 100 元快速跌到 20 元的機率不大。只要在合理價格買進，等待公司配息分紅就是賺錢的投資策略，但是一般投資人運用基本分析時會遭遇許多的障礙：

1. **要取得最新的資訊相當困難**，台灣法令規定，詳細的財報數字，必須每一季公布一次。也就是說，當看到最新數據時，資料時效性至少落後 1 個月以上。某家企業幾小時前接到大訂單的消息，就是最即時的基本分析資訊，即是俗稱的內線。投資人都知道「千線萬線不如一條內線」，當基本分析資訊具有極高的即時性時，威力強大。只可惜，正常狀況下投資人無法知悉。

2. **資訊太過龐雜，不易辨別哪個消息重要。** 每天全球會有上萬條大大小小的政治經濟新聞，投資人無法全數閱讀，也不易哪個消息重要，哪個不重要。

3. **需要具備大量專業知識才能解讀訊息做判斷。** 比如說蘋果最新的 iPhone 手機上市銷售，24 小時內就會有專業機構將手機拆解作成本分析。專業人士可以立刻從圖片猜測零件是哪家企業生產的，由此獲得領先的訊息，但一般投資人很難立刻從這類非財經消息中掌握受惠的潛力股。

　　籌碼分析算是技術分析的進階版本。技術分析把投資市場參與者粗分為兩大族群：多頭與空頭。並且根據過去的交易漲跌，成交價與成交量關係評估多空力量何者占優勢。**籌碼分析的觀點，不但區分買方與賣方，更詳細的辨認交易者的身分。** 法人具有眾多人力與設備可以收集資訊，不斷訪談公司以獲取第一手消息，也具備足夠的專業知識作判斷，因此，法人比較可以透過基本面分析掌握內線與領先資訊，不過法人與一般投資人交易的思考邏輯大不相同，必須要瞭解法人的習性，才能

從法人的籌碼分析中辨別真正的意圖,找出真正看好的準內線股票。

籌碼分析可以做到知己知彼,更精確的提高預測的勝率,而且也不會像基本分析一樣錯失即時性。籌碼分析有如此強大的威力,但是真正能熟練運用的投資人卻不多。最大的障礙在於資料量龐大、完整的收集、統計與運算費時費力,而且不同市場的規則與原理通通不一樣。台股的籌碼分析不適用於期貨,也無法在美股、中國股市用相同原則判斷,而且也並非對每一檔股票效力都相等。這是一門辛苦的學問!不過一般投資人只需瞭解原理,透過電腦與程式的輔助,就能獲得尋寶的樂趣與投資上的高額回報。

辨別台股投資者類別與特性

目前,台灣證券交易所提供的統計資料,會詳細記錄三種法人的買賣資訊,分別是:

1. **外資**:證交所統計的外資是「華僑及外國人投資證

券管理辦法」及「大陸地區投資人來臺從事證券投資及期貨交易管理辦法」辦理登記之投資人。只要戶籍不在台灣，或是公司登記在國外的企業，若想要開戶買賣台股，都會納入外資的統計當中。事實上，外資的交易資料，包含華僑、外國一般散戶，也包含台灣人到外國設立公司的帳戶。假如有某個有錢人為了避稅，到某某小島註冊一家投資公司，然後用這公司名義買賣台股，明明就是台灣人的資金，下單地點可能在台北某豪宅內，但確會被列入外資交易統計中（這就是俗稱的假外資）。因此，外資的交易，追蹤與評估的難度最高。不過由於外資目前持有台股市值超過新台幣 6 兆元，金額遠遠高於其他法人，沒人敢輕視外資的影響力。

2. **投信**：投信的買賣，只統計本國投信基金的交易。以元大投信為例，其為台灣最大的證券企業集團，所發行的某某台股基金買賣當然納入統計，不過元大發行的跨國投資基金（投資人會認為這是海外基金），比如說亞太基金，台灣也在投資區域內，這檔基金買賣台股也會納入計算。

但外資投信就不一定，以摩根富林明 JF 為例：JF 在台灣設立摩根證券投信，它發行的東方科技基金，屬於國內投信交易。但 JF 另有設立摩根富林明投資管理公司，它銷售的基金就屬於海外基金或是投資亞太區域的基金，即使持有滿手的台積電，鴻海，也不會被計入投信買賣，而是算在外資進出裡，這部分遺漏的金額，可能比想像中龐大！台灣人熱衷投資基金，舉世聞名！根據理柏（Lipper）2010 年統計，日本、香港、新加坡三個國家基金銷售額相加總額，還不到台灣的一半。

而根據投信投顧公會（SITCA）的資料顯示，國內投信台股基金的部位大約有新台幣 3,000 億元，市場氣氛熱絡時，會增加至 4,000 億元。這規模看似只有外資部位的 5％，但投信還掌握政府代操的資金，規模已達到 5,500 億元左右，而且逐年增加。根據台灣勞退新制，薪資 6％將提撥制退休金帳戶，其中 25％可望成為委外代操的資金。估計未來勞退代操 1 年將挹注 500～700 億元資金至代操帳戶，投信對台灣股市的影響力必將逐年提升。

3. **自營商**：台灣證券公司大多設有自營部門，不過由於過去 20 年台股激烈起伏，經常造成證券經紀部門努力經營的獲利，被自營部短暫的判斷錯誤虧損殆盡。也因此，近年來幾乎所有證券自營商都以發行認購（售）權證為主要業務，股票的進出完全是搭配權證發行與避險需求，本身不包含自己的看法。自營商部位的意義與 10 年前已經大不相同，而且影響力日漸萎縮，除非收集了完整的權證基本資料作統計與比對，否則自營商部位將難以解讀。

4. **公司派、中實戶與主力**：台灣證交法規定，董事、監事與持股 10％以上大股東，每月 15 日前必須申報持股變動，若要賣出股票，必須 3 天前申報，同時受到內線交易相關法令的規範。不過幾乎每個投資人都知道，台灣許多老闆與大股東都熱愛買賣股票，他們會設立投資公司，持股不超過 9.9％，規避法規；或是用親戚朋友的帳戶做交易，因此並沒有實際可信的統計數據存在。

   中實戶與主力是媒體與分析師經常提到的交易族群，不過這只是對資金雄厚的投資人泛稱，完全沒有嚴謹

的定義。實際上，資金超過 1 億元的投資人，行為可能與一般投資人無異。能在券商 VIP 室裡下單的「大戶」，很可能只是個資金不到 200 萬，愛作當沖與短線交易的小投資人而已。目前，許多台股統計軟體中都有個項目叫作「主力庫存」或是「主力進出」。這是將單筆交易張數大於 200 張，或是大於單日成交數量 1% 的成交單累加，所得到的數據。這樣的統計實際上效果不佳，想掩人耳目的主力與作手，通通知道主力庫存是怎麼一回事，也會用分散下單避開統計，而真正被主力庫存統計到的，會與外資進出高度重疊。

能操控股價漲跌的主力是真實存在的。不過目前台股逐步轉為法人市場，像 30 年前雷伯龍、阿不拉那類型的主力大戶已經不復存在。現在的主力即使有數十億台幣資金，也只能左右中小型股，而且經常與公司派關係良好。不但如此，近年來的主力比一般投資人更能善用信用交易，使得融資融券的數據不再等同一般投資人（散戶）的交易，其中包含了許多主力佈局的線索。

　　台灣交易所每日公告的資料中，包含了外資、投信、自營商的進出個股明細，也有融資、融券、借券的數據，這些是投資人能掌握的基本武器。若想取得更完整資訊，就必須再統計個別券商進出明細、個別投信持股、代操資訊，以及公司發債，增資等股權變動公告，這才算是較完整的籌碼分析。

用籌碼分析找尋投資標的的原理

　　股市裡不存在永遠的贏家，也沒有永遠的輸家。散戶與一般投資人經常以為外資資金雄厚，在股市能呼風喚雨、操控股價、玩弄散戶，實際上並非如此。觀察實際的交易情形就會知道，外資不但經常做出買在最高點，殺在最低點的行為以外，甚至對於消息也難以精確掌握！2012年初投資鴻海就是一例（參見下頁圖）。

　　外資真正在台股大賺的原因，是長期持有績優股。外資目前持有台積電近 2,000 萬張，持股比例高達 77%，占外資持股市值 1/3，每年可獲得 600 億元的現金

鴻海走勢圖

**Q1 營收因 Apple 訂單大增，
但獲利無法增加，毛利大減，外資競相殺出。**

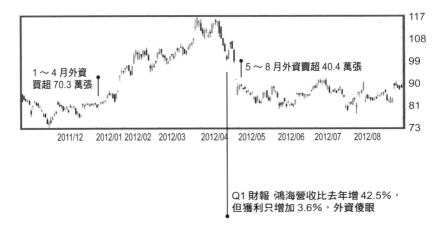

資料來源：鉅亨網

　　股利。這些持股是過去 10 多年來不斷累積下來的，有些
買在 190 元以上高峰價格，也有部分持股是 40 多元承接
的，但經過多年配股配息，早已全數大賺。

　　外資目前持有聯電 600 萬張，持股比例 47％，市值
只有 900 億元，占外資持股市值比重低於 2％。外資並非
很早就精明的分辨出台積電的遠景優於聯電，因此對兩
者的投資比重做出正確的配置。在 1998 年之前，聯電股

價還接近 100 元時，聯電曾是外資重點持股，隨著聯電股價逐漸滑落，外資不但沒有明快減碼，反而是依然增加持股。只不過每一段多頭行情中，買台積電的數量總是比買聯電多，而在空頭行情中，賣出聯電的張數多。現在外資持有聯電的張數，比 15 年前多，完全沒有因為股價跌至 10 多元而縮減，長期持股損益是虧損！但是隨著後續源源不絕持續投入資金買進台積電，聯電的持股虧損占整體部位就變得越來越不重要。現在台積電配息 2 年的收益，就比外資持有聯電的市值還要高了。

外資可以永遠有新資金買進好股，買錯股票晾在一邊不管它即可。時間久了，好股票價格上漲與配息收益，就能彌補爛股票的虧損。簡單講，雖然外資的財力對股價具有龐大影響力，但真正讓外資賺錢的不是炒作，甚至不是精明的選股，而是時間。

外資與壽險資金，可以運用這種巴菲特的精神投資股市，但大部分投資人並沒有這麼長的耐力與資金部位，因此需要花費更大的功夫做選股。一檔股票要能持續上漲，可能是有特定人士與資金炒作，也可能是基本面出現變化，未來企業獲利增加。

　　大部分人誤以為運用籌碼分析選股，是找尋具有炒作能力的特定人士並且跟單，事實上不然。如果資金如果十分雄厚，買進就能拉高股價，當它意圖賣出時，就會造成股價大跌，最後結算下來不見得賺錢。因此，找尋對股價有影響力的大戶，容易徒勞無功。外資、投信與大部分法人，並不希望自己的交易對股價有太多影響。法人不喜歡買賣股本與市值極小的水餃股就是明證。

　　當法人透過研究與訪談，發現某家企業獲利可能大增，或出現特殊利多時，必定是先默默買進，增加持股，而非在分析報告中高調昭告天下。這些「準內線股」難以從新聞與財報中獲得資訊，但是在籌碼買賣記錄中必定會留下線索。**透過有系統的籌碼分析判斷，找出這些準內線股，才是籌碼分析選股的真正目的。**

三大法人買賣超統計的重大缺陷

　　目前，交易所每天盤後都會提供三大法人（外資、投信、自營商）的買賣資料，交易所會在 4:00 pm 後公布

初步統計，10:00 pm 後再公布一份修正值。這份資料只有法人買賣超的張數。要猜測法人的想法，這些資訊過於簡陋！需要經過更多的運算，才能作為選股判斷的參考依據：

1. 法人的企圖心

觀察重點：買賣超金額與族群集中性

　　想像一下，假如一個投資人手中有 100 萬現金，他買進股價 80 元的台積電 10 張，又買進股價 1.5 元的力晶 100 張。到底哪一支股票才是他真正看好的標的？

(1)用張數來思考：100 張＞ 10 張，比較看好力晶。

(2)用金額來思考：台積電投資金額＝ 80×10×1000 ＝ 80 萬。力晶投資金額＝ 1.5×1000×100 ＝ 15 萬，較看好的是台積電。

　　大部分投資人都知道，正確答案是(2)。法人與所有投資人相同，做資產配置時，不會用張數來思考，配置的單位是金額。因此，要評估法人看好的程度，必須將買賣超張數轉化為金額。由於無從得知法人真正的買

進價位，因此只能做約略估算。一般以當日平均交易價格，或是當日收盤價作為估算基礎最貼近現實。

除了買賣金額以外，買賣超股票的族群集中性，也是重要的判斷依據。《股市作手回憶錄》一書的作手，是美國 1930 年代最被推崇的股市高手李佛摩（Jesse Livermore），他曾提出一個有名的操作法叫作「協力車操盤法（TT-Tandem Trading）」。意思是說，買進的訊號不能只看單一個股，必須要看到同一產業的股票也出現買訊，才值得做投資。**判斷法人買賣的企圖時，也需要重視族群性，當法人買賣超集中在特定族群時，代表整個產業都具有利多與較佳的產業前景，這時挑選同一產業的股票做投資時勝率會較高。**

由於交易所的股票產業分類並不精確，比如說台灣的汽車零組件產業十分具有競爭力，但是在產業分類中，有些被歸類成塑膠類股（保險桿製造商），有些是電機類股（車燈、車殼板金業者），有些是電子股（倒車雷達、行車記錄器生產商）。實際上，這些企業的營運好壞，與汽車產業的景氣榮枯相關性最高。為了彌補這種產業分類上的不精確性，金融機構經常會用 ×× 概念股

（如：蘋果概念股、新能源概念股）來表達跨領域的新產業分類。投資人必須多收集最新資訊，才能辨別法人買賣超是否真正集中在特定族群上。

2. 法人買賣超的影響力

觀察重點：買賣超張數／股本

　　同樣買超 5,000 張股票，對於大股本的權值股來說，產生的漲幅可能只有 0.1 元。但是對小股本的股票，說不定就會讓股票直奔漲停價。買超推動股價的力道，會受到股本左右，這時該觀察的數據，應該是**買賣超張數／股本**，若要做更精確的評估，應該計算**「高流通性籌碼」**。大股東與董監事持股，由於受法令限制，賣出前必須申報，因此這些持股可能多年都沒有買賣，可以假設為流動性最低的股份（PS：當董監有銀行質押或者持股成為借券券源時，將會造成估算上的漏洞）。

　　其次，由於一般法人持股包含私人投資公司（較高周轉率）與保險資金（較低周轉率），因此只能約略猜測流通股本有多少。其他所有國內外投信、自營商（三大法人）持股周轉率較高。不過由於法人會做大波段操

作，看好持有時間可長達 1、2 年。因此，這些籌碼算是中度流通性股本。散戶現股與融資買賣，周轉率最高，應該歸類成「高流通性股本」，**買賣超張數／高流通性籌碼＝買超影響力**。由於公開資訊中，並無其他法人（非三大法人）的買賣訊息。因此，每個人認定的高流通股本定義也會略有不同，這數據無足夠正確的定義，只能當作輔助判斷資訊。

3. 法人買超續航力：

觀察重點：法人的現金部位，與台幣匯率

即使法人非常看好某檔股票，也不等於可以無限量的買進。每個投資人都知道，現金部位多寡才是決定買超續航力的關鍵因子。外資的現金部位無從評估，不過外資如果要買股票時，會將資金匯入台灣，造成台幣升值。所以，當同時看到「**台幣升值＋台幣單日成交量大於 10 億美元＋外資買超**」時，代表外資買超可能持續一段時間。評估投信的現金部位非常困難，因為投信現金部位會受到投資人申購與贖回意願的影響，隨時有增減，這部分無即時資訊，不過 SITCA 會公布每週投信持

股比例。根據歷史經驗，可以判定何時算是持股偏低，何時是持股接近滿檔。在衡量投信現金部位時，還有兩個值得參考的數據：

(1)**定時定額人數／金額** ：一般定時定額扣款金額變化較小，可以為投信帶來穩定的現金流，這也能轉化成持續買超的力量。

(2)**新基金募集** ：當有新基金募集進場將會造成短時間內買超快速放大，而此從投信申請的資料中找到線索。

　　雖然投信持股並無明文規定下限水準，但是當持股比例過低時，極容易引來證期會或政府高層官員關切，因此投信經常會用買進穩健權值股、電信股等價格波動小，配息穩定的個股，來拉高整體持股水平。但這些避險部位，在多頭行情中，卻會變成讓基金績效遠遠落後大盤漲幅的主要兇手。使得行情起漲時，就會大舉拋售，所以投信買賣「**中華電（2412）＋遠傳（4904）＋台灣大（3045）**」這 3 檔股票的金額，除了可以當作研判投信對大盤態度的反指標以外，這 3 檔股票投信持股金額＝隱性的現金部位。

除了現金部位以外，國內投信買超續航力還受到兩個法令制約：

(1)基金對單一個股持股上限為基金規模 10%。

(2)基金對單一個股持股，不得超過該股票股本 10%。

雖然所有投信持股加總，並無額外限制，不過長期追蹤國內投信持股會發現單一個股持股超越 120 億元，就屬於極高水平。若以國內投資股票型基金總規模估算，上限約落在 3 ～ 3.5％之間（這資料可以在投信投顧公會網站找到 www.sitca.org.tw）。至於，所有投信持股占單一公司股本比例，可以高達 30％以上。

4. 法人賣超續航力

觀察重點：法人持股庫存

賣超會是否會持續與買超續航力判斷原則完全不同，最大關鍵在於庫存。大部分投資人從當日買賣超與分析評論中找尋做空標的時，經常都會忽略這點。當法人的分析報告非常看壞某檔股票，但是實際上手中幾乎無庫存時，對這檔股票也不會造成殺傷力。由於法人有能力掌握部分基本面領先資訊，而且不會因為持股虧損

產生捨不得拋售出清的情緒，因此當有重大利空消息，
各金融機構紛紛看空時，法人經常早已接近清空持股的
狀態。2011 年，宏碁宣布虧損就是經典案例（參見下
圖）。

　　因此，計算庫存張數是籌碼分析中非常重要的決勝
關鍵。很不幸的，目前證交所資料只提供外資庫存，並
不提供投信與自營商庫存數據，而外資庫存中又夾雜極
少變動的大股東法人持股，投資人只能自己想辦法解析。

2011 年宏碁虧損案例

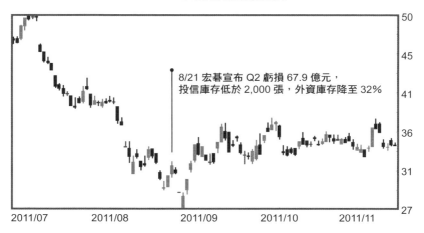

8/21 宏碁宣布 Q2 虧損 67.9 億元，
投信庫存低於 2,000 張，外資庫存降至 32%

2011/07　　2011/08　　2011/09　　2011/10　　2011/11

資料來源：鉅亨網

5. 自營商買賣超參考價值低

如前文所述，台灣自營商幾乎完全是權證的避險操作，大多是追高殺低，隨波逐流，不包含自營商自己的看法，金額也不會太大，所以無法從自營商買賣中找出值得操作的股票。

放棄追蹤自營商部位，將精神集中在外資，投信與融資融券的分析上，可以獲得較佳的成果。下一個章節，就先看幾個過去投信籌碼的實戰案例。

投信與外資持股庫存計算

交易所的資料外資的庫存並非 100% 正確的資料。昨日的庫存張數加上當日買賣超張數不一定等於今日的庫存張數！因此，在揭露的資訊中有「最近一次上市公司申報外資及陸資持股異動日」這項訊息，還有以下註解：影響外資持股因素，除集中市場外資淨買賣數外，另有非集中市場交易因素同時影響外資持股數，例如：借券市場交易、海外存託憑證異動股數、海外可轉換公司債轉換股數、上市公司增減資或股東會、除權申報或 ETF 申購買回、投資人變更國籍等。

投信庫存的資料，可以透過投信投顧公會網站中的數據運算獲得。不過每個月公布的數據，只有每檔基金前五大持股的資料，每一季公布國內基金每一檔股票持股比例明細，海外型的基金每半年才公告一次，因此在計算時非常繁瑣，而且不存在完全正確的統計數字。目前台灣的網站中，鉅亨網與 PChome 都有投信庫存的資料，但兩者並不相同，但都具有參考價值。

第二篇
投信籌碼篇

別小看投信，
投信買賣中隱含大量寶貴的準內線訊息。

追蹤投信持股時務必牢記：雖然投信行為慣性良好，不易忽多忽空，但投信買賣無法完全操控股價。即使完全抓到投信加碼認養的過程，股價仍深受大盤漲跌影響。投信並非必勝。全力買進的個股，也會出現價格不動，最後在虧損中拋售結束操作。分析只能提高勝率，但永遠無法擺脫失敗與虧損機率！

投信細部拆解 1：初始買進時期

宏碁在 2009 年靠小筆電興起，一度搶占全球第二大 PC 業者寶座，當時國內投信非常看好宏碁曾經持有大量股票。2010 年 iPad 問世後，投信開始逐步出清，到了 2011 年春天，投信已經接近零持股，但股價不等於落底。這時該股票籌碼零亂，股價易跌跌不休，對於大盤的跌勢毫無抵抗力，而且還會出現一連串財報與營運上的利空。

大部分狀況投信並不會在利空急跌中低接股票。因此，當發現投信因利多而開始買進，重建庫存時，便可

宏碁（2353）2011/06~2011/11 走勢

2009 年中是持股最高峰（因小筆電熱潮），
2010 年 Q3 已開始減碼，2011 年 4 月已接近出清狀態

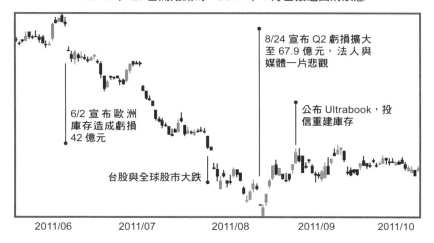

8/24 宣布 Q2 虧損擴大
至 67.9 億元，法人與
媒體一片悲觀

6/2 宣布歐洲
庫存造成虧損
42 億元

公布 Ultrabook，投
信重建庫存

台股與全球股市大跌

2011/06   2011/07   2011/08   2011/09   2011/10

資料來源：鉅亨網

以假設股票已進入打底階段（宏碁的案例是 2011 年 9 月
推出 Ultrabook 後法人開始買回持股）。

　　請注意！這並不代表股價會很快上漲，行情短線上
依然會隨波逐流，只不過未來這檔股票將會適用「逢低
承接」的法則。

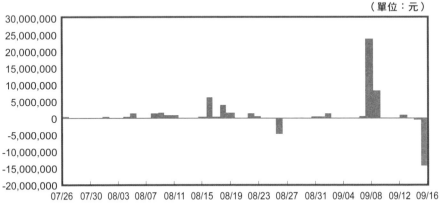

宏碁（2353）2011/09 投信買賣超金額

（單位：元）

資料來源：作者整理

【判別跌勢告終落底要領】

1. 出現單日買超金額 1,000 萬以上，庫存急增
   （467 → 1134，增加幅度 142％）。

2. 有搭配合理利多，落底訊號會更可信。

　　法人真正買超宏碁帶動股價上揚，突破盤整發生在
2012 月 1 月 4 日，距離判定落底，看到投信開始回補庫
存已長達 4 個月。這段複雜的盤整期間，投信曾有一次

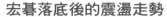

宏碁落底後的震盪走勢

資料來源：鉅亨網

明顯的誤判，發生在 11 月初，外資大買超造成股價急漲，投信被迫追買。但之後面臨了一段被大盤破底往下拉的跌勢，而投信並沒有在後續跌勢中快速出清高點追買的股票，買超反而逐漸轉積極。最後在 2012 年 1 月初，外資與投信同步買超下，拉出一段較亮麗的漲勢。但漲勢與其他股票相比，仍屬於相對落後。這段多頭最高漲到 46 元，但當法人確認 Ultrabook 對獲利貢獻有限後，股價再度重新回到漫長跌勢。

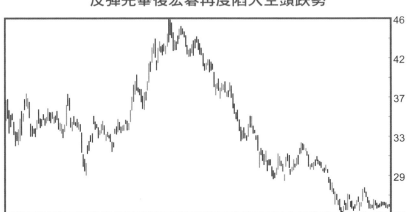

反彈完畢後宏碁再度陷入空頭跌勢

資料來源：鉅亨網

　　從投信加碼宏碁的案例，可整理出以下規則：

1. 從投信籌碼追蹤，不一定抓得股價最低價買點。

2. 投信持股從低點上升，超過 5 億元，或進入 100 名
   後，投信買超會轉積極，這是股價會出現相對大盤抗
   跌特性，值得在大盤跌勢中低接，因為這時投信本身
   就會做逢低買進。

3. 持有金額超越 5 億元後，比較可能出現真正突破盤局
   的起漲點，這時並不需要利多消息，投信買超會跟漲
   勢同步，而非落後追買。

4. 足以拉升股價的單日買超，買超張數占股本比例應該超越 0.1％

5. 權值股有效的買超，必須與外資同步。

6. 投信不一定能掌握太多領先消息，他們也會向外資跟單追買。

【短線做多選股判斷訣竅】

1. 大型權值股，交易活絡的熱門股獲得投信買超，延續性並不好。

2. 持股金額超越 5 億元，開始急增時，是短線追價良機。但無法長期持有。

3. 不論法人買超多積極，連續漲勢超過 5 天再追買，勝率都會大減。

　　宏碁是 2011 年主要的利空棄守股票，事實上並不適合當作是做多標的，上漲阻力重重。類似的案例還有晶電（2448），2011 年 8 月 5 日拋售至持股剩 2 億元，9 月底開始出現重新買進的現象，之後股價止跌，但同樣難以發展出夠強的上漲力量。

零持股第一次買進

過去零持股,投信從低點就開始認養的案例並不常見,晨星(3697)就是一個經典的案例。晨星在 2010 年12 月上市時,媒體與法人就不大看好,媒體不斷報導爭

晨星(3697)2011/06~2011/11 走勢

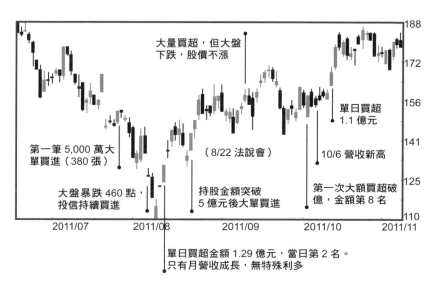

資料來源:鉅亨網

議性利空消息，因此股價上市後跌跌不休。不過晨星屬於高 EPS 的 IC 設計族群，產品競爭力很強，最終還是成為投信認養股之一。

晨星在法人買進初期，對股價一樣不具影響能力。投信在接近零持股狀態時，會願意小量逆勢逢低承接（2011 年 7 月下旬至 8 月上旬），但是大額的買超，仍需等到大盤止跌，投信才會放心追買，推高股價。這時股價將會遠比大盤強勁，買超金額與數量也容易出現在排行榜前幾名，引人注目。在 2011 年 8 月 11 日時，雖然庫存金額仍只有 3 億元，但已經形成連續漲勢。不過在整個 9 月裡，投信持有持有金額持續上升至 30 億元，持股張數增加 3 倍，股價反而形成橫盤。

晨星這案例可以再度確認以下規則：

1. 股價連續上漲時，在第 5 天追買是愚蠢的做法！

2. 庫存穿越 5 億元附近時，對股價漲勢助益大，但每檔股票金額關卡不同。這與股本大小，以及過去是否曾被炒作過有關。過去越不受關注，越被看衰的股票，投信大單買進時上漲力道越大。

3. **可能更有效的辨別股價起漲方式是 ：從買超金額排行**

榜 Top10 中，找尋庫存仍在 3 ～ 5 億元的低持股，而且單日買超占股本比例已超越 0.1% 的股票。

4. **投信大量加碼的股票，當出現營收與法說會公布時，股價加速上漲的機率高**（投信可能先掌握到利多內線消息），基本面消息值得關注。

【短線判斷要領】

1. 投信買超認養股，過程可以持續很久，但不等於股價會一路上漲。已出現在買超排行榜一段時間的股票，並不適合短線追多。

2. 由於投資人已高度關注只要投信買超暫歇下降，反而易引發賣壓，而且投信偏好趁回檔時逆勢加碼，行情易陷入震盪格局，緩步走揚。

　　籌碼是影響波段走勢的因子。**但要判別短線漲跌，必須要抓住「有意外性的新變化」這種投資心理。**原本很悲觀，突然出現逆勢買超，這就算具有意外性。股價可以立刻止跌出現反彈，但由於法人買超意願延續性不足，波段上仍易被拖累，這時跟著買進並持有 2 天以

上，並不划算。但若是已經出現過大額買超後，後續即使單日買超 1、2 千萬，也不具有意外性，因此不一定能推動股價。這時股價會出現抗跌性，一旦發生急跌就能引來買盤快速彈升，但上漲時追價易遭遇較大阻力。大額買超暫時終止的第一天，反而具有「買盤消失」的利空意外性，引發短線跌勢機率高，與跌勢中看到逆勢買盤原理相同，只是方向相反，行情發展是否具有「意外性」不易從數據中簡易篩選。因為除了個股籌碼變化以外，還需要考慮到個股與大盤漲跌變化。短線交易者若能判斷這類情緒落差，搭配區間操作的指標與技巧，才能找到獲利的交易節奏。值得一提的是，**晨星在 2012 年 6 月被聯發科溢價併購，投信對晨星的投資大獲全勝！**

群聯（8299）是一檔更成功的認養案例。前兩個案例，宏碁股本有 282.5 億元，晨星有 52.9 億元，而群聯僅 17.88 億元，更小的股本讓投信資金擁有更高影響力。

由於股本小，投信單日買超都在 500 張以下，連續不斷買進。加上群聯是上櫃股票，櫃台中心產業分類位於「電腦及週邊設備」，更容易被投資人忽略。這家公司主要產品是記憶體控制 IC，應該被歸類為較熱門的「半

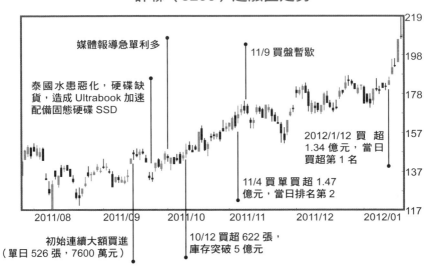

群聯（8299）起漲區走勢

媒體報導急單利多

11/9 買盤暫歇

泰國水患惡化，硬碟缺
貨，造成 Ultrabook 加速
配備固態硬碟 SSD

2012/1/12 買 超
1.34 億元，當日
買超第 1 名

11/4 買單買超 1.47
億元，當日排名第 2

初始連續大額買進
（單日 526 張，7600 萬元）

10/12 買超 622 張，
庫存突破 5 億元

資料來源：鉅亨網

導體 IC 設計」族群。從群聯的案例可以知道：

1. 買賣超排行榜，應該要把上市與上櫃買賣超混合排序，才不會遺漏重要認養股。

2. 交易所提供的產業分類不夠精細正確，投資人需要自行查看每一家公司的產品營收資料，加強對個股的瞭解，才能快速辨認利多題材。

3. 基本面與消息面不一定是落後的！投信對群聯的操

作，是在利多發生 1 季之後，而且公司已透露訂單急
增消息後才進場追買，後續拉升幅度仍然超過 50%。

【短線判斷要領】

1. 群聯 5 個月的拉升過程中，短線仍沒有完全違背大盤
   走勢。所有漲勢都發生在大盤橫盤或小漲時期，而大
   盤下跌破底時，群聯股價同樣弱勢橫盤，或是小跌，
   並沒有出現逆勢上張。
2. 以庫存 5 億元作關卡，連續漲勢不超過 5 日原則同樣
   有效。

　　另一檔成功的小型股認養案例是鈊象（3293）如下
圖。鈊象在 2007 年之前的線上遊戲股熱潮中股價一度
高達 400 元，之後整個族群被法人完全遺棄。2011 年 8
月之前，所有投信持股只剩零股。投信從 9 月初開始買
進，之後半年媒體與分析師都沒找到真正的利多消息，
只用 3 年前線上遊戲股的角度解釋漲勢。

鈊象（3293）起漲區走勢

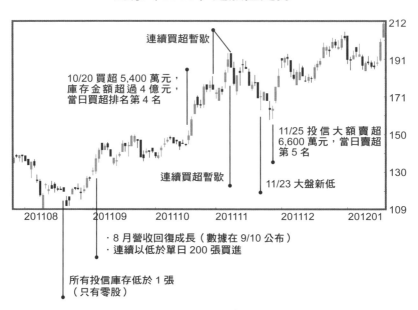

連續買超暫歇

10/20 買超 5,400 萬元，
庫存金額超過 4 億元，
當日買超排名第 4 名

11/25 投信大額賣超
6,600 萬元，當日賣超
第 5 名

連續買超暫歇

11/23 大盤新低

·8 月營收回復成長（數據在 9/10 公布）
·連續以低於單日 200 張買進

所有投信庫存低於 1 張
（只有零股）

8 月營收回復成長（數據在 9/10 公布）

每月營收與年增率變化

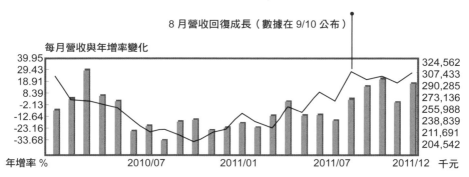

年增率 %

資料來源：鉅亨網

　　事實上，鈺象的線上遊戲營收只算是「副業」，主業是商用遊戲機台，就是遊樂場供玩家投錢玩遊戲的設備，俗稱街機。這些產品在海外營收持續增加，也讓鈺象獲利與其他遊戲股完全不同。不瞭解產業細節的投資人，仍可以從營收數字變化，看到這檔股票的利基。越小型的股票，消息越不受重視時，反而更有利於股價上漲。這個案例，基本面同樣領先，投信再度買在起漲點，而且主導後續所有漲勢。

　　當然，用這樣的判斷原則也會發生遭遇失敗。2011年第 2 季的凌耀（3582）就是一例：凌耀在金額突破 5億元時，股價表現十分強勢，與鈺象一樣是營收大增長推動，但 7 月時已全面縮手不再買進。這時無更多消息傳出，在 8 月連續跌停發生前夕，投信持股仍在幾乎最高峰。這時看起來很像是隨 8 月台股指數大跌同步重挫，但投信從 8 月 10 日起就開始執行大停損殺出，這時已經是 5 根跌停板之後的事了。到了 8 月 18 日半年報公布時，新聞才報導第 2 季看到的營收大成長，代價是毛利遠低於過去，公司獲利根本沒有增加。最後投信認賠殺出了 80％的持股，持股金額降到 1 億元左右。有了這

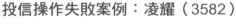

投信操作失敗案例：凌耀（3582）

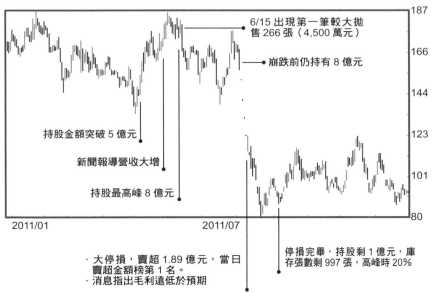

資料來源：鉅亨網

種「欺騙投信」的前科之後，這檔股票股價表現低迷持
續了超過 6 個月。

從凌耀的案例可以清楚知道：

1. 投信不是必勝，選股失敗時它會果斷不計價殺出。一
   但投信執行大撤退，這檔股票就需要漫長盤整才可能
   重獲生機。

2. 投信無大量賣出，股價仍有可能暴跌。追蹤投信買股
　　過程只能辨認買點，賣出與停損時機，需另找依據。

　　**有些股票，投信大額連續買進，也不一定能讓股
價有亮麗表現。** 並非所有股票投信持股都能從零持股加
碼到前幾名，也不會減碼出清。同欣電（6271）就是一
例，同欣電在 140 元高價時，投信就持有 2.5 萬張，跌到
股價剩 1/3，持股仍有 2 萬張，賣出幅度極少。

跌勢中投信仍堅信持有案例：同欣電（6271）

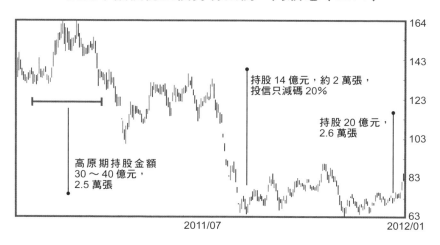

資料來源：鉅亨網

　　這檔股票從 2008 年上市第一天，法人就積極加碼。上市價格約 80 元，在之後金融海嘯時期一度跌到 30 元，法人持股極為堅定。這類長期認養股，判別短線上的買點，難度會變得極高。平時無需操作這類標的，不過當大盤跌幅極深，市場非常悲觀時，倒是值得進場買進，因為後續漲勢也十分驚人，可以再創新高。

　　從股票 IPO 上市初期，法人就一路買進的個股十分罕見，但這類股票都值得長期追蹤。可成（2474）在 2000 年上市時，鋁鎂合金題材就深受認同。當年上市價格超過 250 元，2001 年科技泡沫後曾跌到 30 元，2004 年就飆升回 400 元，漲跌都十分恐怖，投信的持股幾乎都沒跌破前 50 名。2001 年的聯發科上市後一波段漲了 350％，也是上市初期法人就積極搶進的個股。這類具有全球產業領先優勢的股票認養時間可以長達 5 ～ 10 年以上。從中找尋大跌後的買點，將有豐厚利潤。

　　2012 年有一檔新股──穩懋（3105）也受法人青睞，值得持續追蹤：

　　IPO 個股受法人追買，不等於能抗跌。在之後第一次大盤走空時期，股價可以大幅下跌。要能在跌勢中仍保

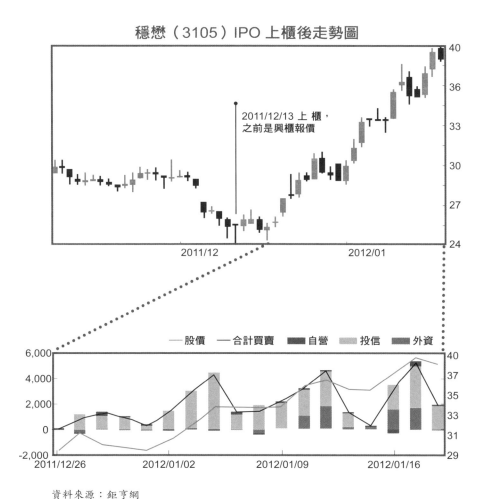

穩懋（3105）IPO 上櫃後走勢圖

2011/12/13 上櫃，
之前是興櫃報價

2011/12　　　　　2012/01

股價　——合計買賣　■自營　投信　■外資

6,000　　　　　　　　　　　　　40
4,000　　　　　　　　　　　　　37
2,000　　　　　　　　　　　　　35
0　　　　　　　　　　　　　　　33
　　　　　　　　　　　　　　　31
-2,000　　　　　　　　　　　　29
2011/12/26　2012/01/02　2012/01/09　2012/01/16

資料來源：鉅亨網

有一定數量持股，才算通過考驗，未來值得等待買點。

2010 年上市的 TPK 辰鴻，在 2011 年 6 月股價接近

1,000 元時，投信持股 11,000 張，金額超過百億，排行榜第 2 名。到了 2012 年 1 月，股價跌破 400 元，投信仍持有 5,200 張，金額排行榜第 32 名，這就算是長期高持股信心的極限，持股從高峰減半後若持續拋售，就該把此股從長期認養股改列為棄養標的。2010 年還有 4 檔高價股與 TPK 在同時期 IPO 上市。F- 美食（2723），為餐飲企業 85 度 C 總公司，上市一度飆到 350 元，1 年後剩200 元。盈正（3628）IPO 價格高達 500 元，上市後不斷下跌，1 年後剩 50 元。碩禾（3691）上市價接近 800元，1 年後股價剩 1/3 ！由於部分企業與承銷商有拱業績炒作上市價的惡習，因此剛上市的股票，媒體報導總是前景一片光明，但實際上可信度低。參考是否有多家投信願意買進並長期持有，是辨別真偽的好方法。法人持有部位，才是真正的看法！只看好但不買進，光說不練，這種 IPO 股票投資人最好保持戒心，多觀察一段時間再判斷是否值得投資。

不過，既然承銷商有炒作 IPO 個股習性，倒是值得仔細追蹤整個流程！2010 年第 3 季至 2011 年第一季有數檔高價生技股上市上櫃：曜亞（4138）、中化生

盈正炒股案

堪稱國內投信圈最令人矚目，且證據確鑿的基金經理人涉入案件。盈正以每股 185 元上櫃，掛牌 5 天內，暴漲到 500 多元，後來股價腰斬。主管機關調查發現經理人利用職務之便中飽私囊，他們操盤的基金則疑似刻意承接，上市兩周，投信買超高達 2,384 張，金額超過 9 億元。最後，盈正股價大跌，基金損失全由投資人買單，涉案者都是明星級基金經理人，金管會只祭出停職處分。至於是否觸及刑期 5 年的刑法背信罪，基金投資人能否求償，依然在漫漫無期的訴訟程序中，無後續下文。

盈正（3628）IPO 上市後走勢圖（2010/09 ～ 2011/12）

上市前惡性炒高價格，造成申購投資人鉅額慘賠

資料來源：鉅亨網

（1762）在 2010 年 12 月底 IPO，台耀（4746）、德英（4911）在 2011 年 3 月初 IPO。從興櫃到 IPO 上市期間，其他績優生技股反而成為更安全的做多選擇，把已上市同類股票價格炒高，最能推動興櫃股價，讓大股東能用高價 IPO 價格出脫。但是這類股票一但形成整個族群同步下跌，幅度也足以讓人痛不欲生。

永日（4102）走勢圖 VS 生技股 IPO（2010/03 ～ 2011/12）

資料來源：鉅亨網

需要糾正的投資人迷思觀念：佈局與出貨

許多投資人以為：法人與主力在拉高股價之前，會偷偷佈局買進大量持股，而高檔時能輕鬆賣光持股獲得巨額利潤。這種**祕密拉高出貨，或者是壓低吃貨的說詞，完全是散戶的幻想！**從上述幾檔股票買進的細節就可以得知，根本沒有佈局與壓低吃貨這一回事。投信買超追求的是買了立刻上漲，只不過有時大盤弱勢時，持續買進變成艱困混戰。只要大額連續積極買進，就會被投資人察覺，同時也會造成股價上揚。大額賣出就會引發跌勢，造成後續賣出難度更高。因此投信認養股不論波段買進，或者大幅減碼，都會是長達 1 個月以上的過程。仔細計算追蹤籌碼，就能得到完整的資訊。至於，投信所抓取的賣出時機，甚至比一般散戶的判斷更糟。拉高出貨根本不存在，小額逢高賣出算是少見的操作手腕。最常見的是不計價追殺到跌停！

法人持續買進就會漲，持續賣出就會跌。外資與投信並不會比散戶更高明，他們只是資金龐大，持股交易週期更長而已。

事實上，法人並不喜歡自己的買賣超對股價產生巨大影響力，這會阻礙買賣的流暢性。因此，外資偏愛交易大型權值股，小型股著墨較少。投信較專注於中型的股票，成交量過低的冷門低價小型股盡量不碰，避免未來難以出脫。對於股神巴菲特的資金而言，所有台灣的股票都算小型股，進出不方便，即使前景再怎麼亮麗，也無投資台股的打算。

投信的思維跟散戶不一樣！

看了前一章幾個投信買股票的實例後，許多人會發現投信的判斷實際上並沒有非常高明，只不過比散戶更敢追高，也更能果斷的不計價認賠殺出。想要徹底瞭解投信操作的邏輯，就必須瞭解投信的利益結構。

基金公司與經理人的收入來源，是來自於投資人固定支付的基金管理費，基金淨值增加，的確能讓投信收入增加，但是最重要的，還是要吸引投資人源源不絕的申購投入新資金。**因此，基金經理人操盤的目標並不是賺錢，**

而是超越大盤指數，並領先同業（這是金融業教導投資人判別好基金的準則）。而在行情上漲過程中，即使本益比超高，股價看起來不合理，投信還是會積極追買。在大跌的趨勢中，經理人腦袋中思考的並不是「目前股價是否已經跌到不合理的水準？」而是在想「如果盡快殺出持股，那我操盤的基金績效就能領先其他還沒賣出的同業競爭對手！」反正若遇到大行情績效領先，投資人會捧著資金排隊申購，基金經理人名利雙收。萬一遇到盤整，多空雙輸一直虧損，虧的也是基金投資人的錢。經理人只需要拍拍屁股走路，換一家投信重起爐灶即可。

　　根據資料統計，台灣平均每兩天就有一檔基金更換經理人，台灣過去 10 年來，任何一個時間點作統計，發行存續時間超過 5 年的基金的比例，總是低於 45％，這就是一切以績效作為評比的最高準則的惡果！

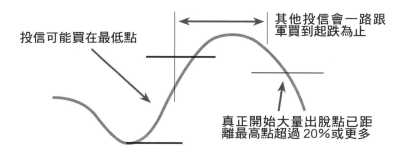

投信可能買在最低點

其他投信會一路跟軍買到起跌為止

真正開始大量出脫點已距離最高點超過 20％或更多

4433 法則

4433 法則是國內基金評比權威台大財務金融所教授邱顯
比、李存修提出來的基金評選方式。被台灣所有金融機構
與多數投資人奉為圭臬,而其依序解釋為:
「4」:1 年期基金績效排名在同類型基金前 1/4。
「4」:2 年、3 年、5 年、今年以來基金績效在同類型基
　　　 金前 1/4。
「3」:6 個月基金績效排名在同類型基金前 1/3。
「3」:3 個月基金績效排名在同類型基金前 1/3。

許多投資人一定有個巨大的疑問：既然投信的行
為像是超級大散戶,基金績效比大盤指數更糟的比比皆
是,**那為何能從投信籌碼中找到黑馬股?**

「三個臭皮匠,勝過一個諸葛亮」是大家耳熟能詳
的俗語。全台灣超過 30 家投信,200 位以上的基金經
理人共同呈現出來的選股決策,不但符合這句俗諺,也
跟民主制度裡的選舉原理相同。在民主制度裡,成千上
萬的公民,大部分都不是專家,無法精確的判斷國家需
要甚麼政經方向,但歷史經驗顯示,一群平庸選民的決
定,犯錯的可能性卻總是低於偉大的獨裁者。基金的籌
碼展現的資訊也是如此。

群體決策原理

美國有個益智問答的電視節目叫作「百萬富翁」，學者統計發現現場觀眾表決結果答對機率91％，高出專家的命中率65％許多！一堆臭皮匠，烏合之眾為甚麼能打敗專家？道理其實不難，群體的成員來自於不同的部門，從事不同的工作，熟悉不同的知識，掌握不同的信息，容易形成互補性。當需要跨領域知識才能判斷解決問題時，群體決策的優勢就會出現。一檔多空訊息雜陳的股票，每個人獨自根據自己的知識做判斷得到的結果，看好買進與看壞賣出的力量可能相互抵消。但是有特殊利多利空訊息的的股票，多空力道相抵後，剩餘的淨買賣超就會顯示出內線資訊的方向。不過群體決策要展現超越專家的判斷優勢，關鍵在於群體中每個成員必須根據自己的想法獨立判斷。如果每的成員都信服權威，或者相互參考，模仿彼此的決策。最後得到的結果就會產生極大的偏差。在金融行情中，就會形成泡沫行情。

因此當投信交易冷門股票，或在沉悶盤局中突然開始大量買進或賣出的股票，參考價值高。當大盤已經大漲大跌一段時間，投信買賣的股票又是整個市場中最熱門，交易最熱絡的股票時，就會變回超級大散戶的狀態了。

假設每一家投信的研究部門裡，平均擁有 10 位研究員。那就表示，所有的投信加起來，有超過 500 位的專職人員，每天不斷的努力在收集產業第一手消息，到處探聽內線，並且時時刻刻追蹤國際局勢的變化。他們所

持有的股票部位，**只要有 5% 內含這類未曝光的資訊，那就代表有 20 ～ 30 檔選股，未來走勢可望擺脫大盤的影響，獨自發展出亮麗的波段行情。**但個別基金受限於投資分散的限制，手中持有大量隨著大盤漲跌浮沉的股票，即使掌握了 1、2 個第一手內線資訊，最後績效落後大盤，或是虧損，一點也不奇怪。

投信行為特點：
軋空手危機感遠遠高於虧損套牢

基金經理人操作的資金來自於基金投資人的申購。金融機構在過去 10 多年不斷教育投資人長期投資的好處，並且大力推廣定時定額投資。因此，整體國內基金規模，常態呈現資金淨流入的狀況，只有在極罕見的局勢下，才會出現投資人集體大量贖回。上一次基金投資人集體大撤資發生在 2008 年 9 月，當時台股已從高點跌到 6,500 點，而且進入金融海嘯後半時期，才引發投資人完全絕望的情緒。

2008 ～ 2012 年台股基金申購贖回表

—■— 加權指數　—◆— 申購贖回金額（億元）

資料來源：作者整理

　　其他時期，投信手中資金不會快速被贖回，因此基金經理人不易因為變現需求，被迫殺出持股。當空頭行情由歐美國家股市下跌，或是突發的國際利空事件引發時，基金經理人與一般投資人易傾向選擇縮手觀望，快速拋售持股反而比較容易被批評為盲目的恐慌行為。這時「與同類基金比較的相對績效」，並不會特別糟。每檔

基金虧損幅度差不多，基金經理人老神在在，只有投資人飽受艱熬，自行思考該不該認賠贖回。

但是在行情上漲時就不是這麼一回事了。股市上漲時期，是投信拚績效，吸引投資人認購的黃金時期。這時投信會使出渾身解數，大打廣告，密集發行新基金，並且全力追求績效。即使只比競爭對手績效高 1％，吸引到的認購投資金額就可能差距數十億元。當行情大漲時，若投信持股比例偏低，滿手現金，會備感壓力。所以，法人可以在任何價位勇敢追買，毫不遲疑。而且不易因為短期下跌就慌亂殺出。

散戶與一般投資人行為幾乎完全相反。上漲的趨勢中，投資人會小心奕奕，頻繁短線進出，寧可空手沒賺到錢，也不想當追逐行情的最後一隻老鼠。散戶不怕軋空手，但畏懼虧損套牢。

2002 年，諾貝爾經濟學獎得主卡尼曼（Daniel Kahneman）所提出的前景理論，說明了人性符合三個原理：

1. 人們對損失比對獲利更為敏感。

2. 大多數人面臨確定收益時，會有強烈風險厭惡情緒。

3. 大多數人面臨損失時，反而傾向冒險賭一把。

　　第 1、2 項完美的解釋散戶為何總是有賺就跑，賠錢硬坳！

　　有兩個心理學的實驗印證了這個前景理論的論點：

1. **餐具實驗**：有一家家具店正在清倉大甩賣，你看到一套餐具，有 8 個菜碟、8 個湯碗和 8 個點心碟，共 24 件，每件都是完好無損的，那你願意支付多少錢買這套餐具呢？如果你看到另外一套餐具有 40 件，其中 24 件和剛剛提到的完全相同，而且完好無損，另外這套餐具中還有 8 個杯子和 8 個茶墊，其中 2 個杯子和 7 個茶墊都已經破損了。你又願意為這套餐具付多少錢呢？結果表明，在只知道其中一套餐具的情況下，人們願意 第一套餐具支付 33 美元，卻只願意 第二套餐具支付 24 美元。

2. **兩個賭博的小實驗**：A 是肯定贏 1,000 元，B 是 50％可能性贏 2,000 元，50％可能性什麼也得不到。你會選擇哪一個呢？大部分人都選擇 A，這說明人是風險規避的。另一個實驗兩個選項，A 是你肯定損失 1,000 元，B 是 50％可能性你損失 2,000 元，50％可能性你什麼都不損失。結果，大部分人選擇 B，這說明他們

是風險偏好的。

　　法人與散戶會出現幾乎完全相反的本能，真正的差別不在於專業素養，也不是資金多寡造成的。**真正的關鍵在於散戶的錢是自己的，而法人操作的是別人的資金**，這造成了法人在追買股票時心理障礙較低。法人的操作習性，湊巧符合股市的特性。在通膨上升的總體經濟環境下，持有股票的收益會總是高於現金。好公司的經營優勢容易不斷擴大，爛公司則會因為虧損，最後被淘汰下市。因此長期而言，積極追逐高價股，獲利機會遠高於持有現金，或是等待逢低承接便宜股票。

　　散戶永遠不可能真正學習法人的投資邏輯，這是根深蒂固的人性。自己的錢追高套牢一定比較痛！**最容易賠錢的散戶，往往是想學當法人的散戶**。畫虎不成反類犬，投資人並不需要強迫自己果斷的追高殺低，但是參考法人的選股倒是蠻好的選擇，至於進出場時機，並不需要完全跟法人同步。投信看好認養股票的過程，短可能有 1 季的時間，長可以持續 1、2 年。選擇小幅回檔時自己安心的進場時機，耐心持有，散戶也能找到適合自己的投資節奏。

投信交易細部拆解 2：
增持追買時期和高原期

增持追買時期

　　晨星（3697）在 2011 年 11 月 21 日後出現一波明顯跌勢。事實上，投信籌碼並未鬆動，這段跌勢一樣是大盤下跌帶動，外資也沒有大量賣出，反而是在急跌後持續買進。媒體與分析師持續報導產業利多，但對於股價毫無幫助，能幫助投資人避開這段跌勢的籌碼線索只有兩個：

1. 庫存金額已進入排行榜 Top10。
2. 連續買超已並無法推動股價。而且大盤再度急跌跌破上升趨勢。

　　在波段最低點時（也就是 2011 年 12 月 9 日），法人並不一定會更高明。高持股造成大量砍殺賣出壓力：12 月 8 日投信與外資聯手大賣，12 月 9 日就轉為大買超。這不等於外資操作靈活，更可能的原因是使用「外資」帳戶交易的法人身分較龐雜。賣超的可能是與投信類似

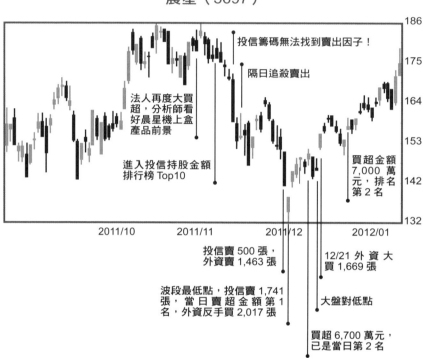

晨星（3697）

投信籌碼無法找到賣出因子！

隔日追殺賣出

法人再度大買
超，分析師看
好晨星機上盒
產品前景

進入投信持股金額
排行榜 Top10

買超金額
7,000 萬
元，排名
第 2 名

投信賣 500 張，
外資賣 1,463 張

12/21 外資大
買 1,669 張

波段最低點，投信賣 1,741
張，當日賣超金額第 1
名，外資反手買 2,017 張

大盤對低點

買超 6,700 萬元，
已是當日第 2 名

資來來源：鉅亨網

的專業金融機構，但買超可能來自於公司派相關帳戶
（晨星公司在海外註冊，公司派與大股東帳戶都會被納
入外資交易統計）。

當發現在跌勢中投信持股依然信心十足時，投資人
應該要詳查基本面是否有出現變化，並且至少做小量減

碼。畢竟過去有多次案例，當股價已下跌超過30％後，投信才開始大舉拋售出清。當行情出現止跌跡象後，可以再度運用「等待逢低買進」的原則，**不過請務必記得**：止跌後再尋找小回檔時進場點是主要目的。

　　同時認定後續上漲時，即使面臨重重技術分析壓力關卡，也能輕易突破不斷走高。切勿輕易判定行情漲勢已結束走空。至於是否能剛好抓到最低點買進，純屬機率，完全無重要性。

　　到了2012年1月10日，晨星持股金額已經高到成為所有投信前五大持股。不過仍未察覺這項事實的分析師與投資人非常多。最主要的原因是，晨星是高價股。買超金額大增時，也只不過買超接近2,000張，證交所公布的買賣超張數排行榜上可能連前10名都看不到，而連續用單日200～500張買進時，甚至連買超前30名都排不上。因此容易被乎略。買賣張數較低，不易被查覺，是投信偏愛以中高價績優股當認養股的主因之一。

　　從2011年8月投信開始認養晨星至2012年1月。持股在半年內不斷拉高，不過事實上股價漲幅只有20％左右，而且大幅上下震盪。從這段走勢可以發現：

1. 增持追買期股價易隨大盤指數同步上下波動，極難找到短線交易機會，操作難度大幅增加。大盤指數不跌時低接認養股才有獲利差價空間。

2. 投信不賣，股價也能大幅下跌。

3. 既然投信買賣超都是公開透明的資訊，買超進入排行榜 Top5 的個股，要有夠大的漲幅，或者是夠長的時間，投信才可能出清。否則任何的較大賣出（出貨）動作，都會大幅打壓股價，造成整體庫存部位虧損。以過去經驗來看。整個認養的過成，可以超過 1 年，歷經 1 ～ 2 次除權除息，才真正轉為賣出。

【 短線判斷要領 】

1. 增持追買時期個股，**直接放棄短線操作是上策。**

2. 當出現投信買進不漲後，第一次出現投信或外資較大額賣超，將是做空機會。這時「**意外性的新變化**」情緒落差最大，不過只能短線為之，不可食髓知味不斷做空。

3. 要低接，就要有波段持有 2 週以上的心理準備。用耐心換取 5 ～ 15％獲利是合理的，期待天天大漲不切實際。

持股高原期

2010 年開始，電子產業最閃耀的產品是智慧手機與手持行動裝置，可成（2474）是投信的最核心持股之一。2011 年初，投信持有可成 3.2 萬張，高居持股金額排行榜前 10 名。2011 年一整年，持股最高曾到排行榜第一名，拋售最多時仍持有 2.7 萬張，但股價 1 年內高價270 元，漲幅 235％，之後再腰斬跌回 120 元，波動非常驚人！

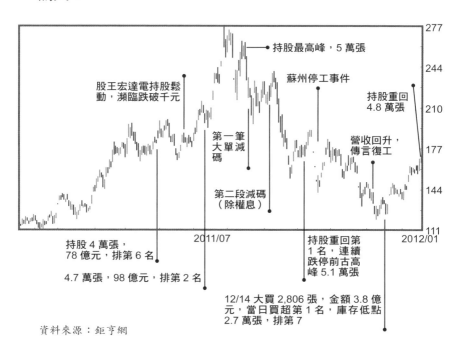

持股最高峰，5 萬張

蘇州停工事件

股王宏達電持股鬆動，瀕臨跌破千元

持股重回4.8 萬張

第一筆大單減碼

營收回升，傳言復工

第二段減碼（除權息）

持股 4 萬張，78 億元，排第 6 名

2011/07

持股重回第1 名，連續跌停前古高峰 5.1 萬張

2012/01

4.7 萬張，98 億元，排第 2 名

12/14 大買 2,806 張，金額 3.8 億元，當日買超第 1 名，庫存低點2.7 萬張，排第 7

資料來源：鉅亨網

　　從飆漲到崩跌，整個過程中追蹤投信籌碼能得到的訊息十分有限。2011 年 5 月之前的漲勢，投信買超的確有推升的助益，但是最後一段大漲：6 月下旬至 7 月底。漲幅高達 60％，完全非投信推動，這是其他資金抬轎造成的。到底是誰瘋狂追高？答案也很明顯：在末升段時當最後一隻老鼠的就是外資！

　　最愛追高殺低的就是外資，融資交易在行情高點與低點時總是表現得十分理智！這與一般投資人的認知差異極大。使用資券的散戶一點也不盲目，散戶的致命傷是太過逆勢，因此在末升段噴出前全力放空，而在末跌段其間卻一路融資做多。不過真正有能力影響行情的，仍是法人的籌碼。

　　從下表可以知道，漲勢後半段，投信完全無主導力量。那為何不專心統計外資籌碼就好？問題的關鍵在於：**外資雖然力量巨大，但從各類排行榜追蹤外資籌碼，看不出所以然來！** 2011 年 2 月可成開始上漲時，外資持股比率 40％，排名 55 名，用張數排序在第 90 名。

外資	總持股	增減	融資	增減	融券	增減
2/24	267512		16400		6312	
5/04	309447	41935	16676	276	4166	-2146
6/20	334845	25398	21850	5174	10130	5964
8/04	397615	62770	18993	-2857	6798	-3332
9/08	390791	-6824	19080	87	14	-6784
10/14	366037	-24754	26268	7188	7182	7168
12/13	321401	-44636	43938	17670	5977	-1205
1/18	317400	-4001	30900	-13038	8163	2186

把上表根據股價行情趨勢整理成文字敘述：

趨勢	外資	投信	融資	融券
上漲初期	動作不大	積極買進	動作不大	動作不大
上漲中期	積極買進	積極買進	動作不大	小量買進
盤整	積極買進	賣出	積極買進	積極賣出
末升段	巨量買進	小量買進	小量賣出	小量買進
盤整作頭	小量賣出	動作不大	動作不大	強制回補
主跌段	積極賣出	動作不大	積極買進	積極賣出
末跌段	巨量賣出	積極賣出	巨量買進	小量買進
回升	小額賣出	積極買進	巨量賣出	小額賣出

　　2011 年 6 月 20 日，可成末升段起點時，外資持股比例 46％，排名 39 名，庫存數據變化不夠大，難以引人注目。若從單日買賣排行榜找線索，6 至 10 月大漲大跌的

過程中，買超第一名與賣超第一名都只出現一次，而且都在趨勢的後半段才發生。2011 年 8 月初下跌，外資曾經單日賣超 7,700 張，金額高達 18 億元。不過當日排行榜中只排賣超第 28 名，以金額來看，也排不上前 10 名，其他如鴻海、台積電、中鋼、金融股等權值股賣超數萬張，金額更大。外資交易資料，易被大量權值股買賣所淹沒！不但如此，由於外資金額龐大，大額買賣不但頻繁，而且可能今日大賣超，隔天就轉向買數千張，讓人摸不清頭緒。

由於外資有大量權值股買賣交易，其中夾雜與期貨的套利交易。買賣的趨勢與慣性不佳，因此作為選股參考主軸，效用不佳。再加上末升段與末跌段全力追價的特性，以外資買賣超選股造成慘賠屢見不鮮。因此，以投信買賣超作為選股依據效果會遠比參考外資有效。但是個股漲跌，卻應該從法人總買賣超去揣測 ：**用投信買賣排行榜選股，再用外資＋投信總買賣超判斷後續漲跌。**

不過，看總買賣超同樣可能讓人迷惑。2011 年 1 月法人買超速度，實際上與 4 月相當，但 1 月只漲了 10％，4 月卻漲了 38％。若以推升上漲效率計算，每推升上漲 1％所需的買超張數減少了 50％。這叫作「鎖碼

效應」雖然每個月買超只有 3 至 7% 不等，但是累積起
來，籌碼安定性就大大增加。

三大法人買超可成統計

可成（2474）	三法人加總	百分比	籌碼累積	累積百分比
01/11	24233	3.645%	24233	3.645%
02/11	11223	1.688%	35456	5.332%
03/11	14428	2.170%	49884	7.502%
04/11	21694	3.263%	71578	10.765%
05/11	2686	0.404%	74264	11.169%
06/11	17022	2.560%	91285	13.729%
07/11	49402	7.430%	140688	21.159%
08/11	-10471	-1.575%	130216	19.584%
09/11	-30588	-4.600%	99628	14.984%
10/11	-7311	-1.100%	92317	13.884%
11/11	-32735	-4.923%	59582	8.961%
12/11	-27904	-4.197%	31678	4.764%
01/12	21112	3.175%	52790	7.939%

資料來源：作者整理

　再加計 2010 年底的各法人庫存：

2010 年底可成法人庫存表

外資庫存	投信庫存	董監大股東	其他法人	Total
36.549%	4.808%	16.43%	9.49%	67.277%

PS：其他法人＝股東結構類別中，本國法人 - 董監事。可成的董監都是國內法人
資料來源：作者整理

　　若是計算扣除法人吸納的股票，剩餘在市面上交易的「高流通性籌碼」，法人買賣超與股價飆升的幅度就能充份顯現出關聯性。7月持股高峰時，法人持有可成88.5％個股！這才是末升段飆漲的真面目。

可成高流通性籌碼百分比

可成（2474）	高流通性籌碼	漲跌金額／元	漲跌1%所需買賣超
01/11	29.1%	12.5	2094
02/11	27.4%	3.5	3870
03/11	25.2%	21.5	832
04/11	22.0%	34.5	915
05/11	21.6%	7.0	690
06/11	19.0%	-6.0	-5303
07/11	11.6%	71.0	1259
08/11	13.1%	-24.5	1077
09/11	17.7%	-48.5	1435
10/11	18.8%	-9.0	1454
11/11	23.8%	-28.5	1952
12/11	28.0%	-1.0	39302
01/12	24.8%	27.0	1098

資料來源：作者整理

　　想抓到這些已被眾多分析師、媒體、法人紛紛看好的股票最後一段誘人的飆漲，最大的重點在於計算沒被鎖碼的股票還剩下多少，而非單只看買超張數。只不過這個計算十分繁瑣，目前用電腦軟體統計仍有困難。原因在於，不易分辨以下情形：

1. 股權分散表與股東結構類別中的資料並不完善，也包含重疊與錯誤 ：證交所的外資統計持股 36.5％，但這裡只有 25.5％，這表示 11％申報到其他資料裡。

2. 可成的案例，幾乎所有董監持股都是國內法人。但其他公司的董監結構，會包含外資，也會有持股 9.9％，規避法規限制的大股東。

3. 當董監事與大股東將股票拿去質借時，原本安定的籌碼就成為在外流通買賣的籌碼了。

　　比較簡易的算法是 ：假設法人籌碼裡只有本國投信與僑外投信會有短期變動，因此流通籌碼＝自然人（本國＋僑外）－董監自然人。當流通籌碼低於某一比例時（比如說 30％），而且法人再度出現連續買超，行情就可能演變成飆升。

可成股權分散表

2010 股東結構類別	人數	股數（股）	持股比例（%）
政府（公營）機構投資	2	5,933,457	0.8924
本國金融機構投資	15	5,045,002	0.7588
本國證券投信基金投資	58	26,197,712	3.94
本國公司法人投資	130	172,343,462	25.9199
本國其他法人投資	10	9,432,139	1.4186
僑外金融機構投資	0	0	0
僑外法人投資	336	169,877,823	25.5491
僑外證券投信基金投資	0	0	0
本國自然人投資	61,227	275,889,242	41.4928
僑外自然人投資	51	189,680	0.0285
庫藏股票	0	0	0
股東人數	61,829	0	0
實際發行總股數	0	664,908,517	100
董事、監事、經理人，10%以上股東	17	108,922,902	16.3816

資料來源：公開資訊觀測站

　　如果要全面監看 1,400 檔股票的籌碼變化，太過艱難，而且鎖碼效應只是股價會大漲的判斷因素之一。股票位於起漲點時，是否上漲與鎖碼效應無關，法人不進

出的主力股也不適用這一規則，真正需要詳細計算的股
票只有：投信買超金額排行榜 Top 20 或是已持有 30 億元
以上的個股需計算「**高流通性籌碼**」。

　　投信高持股的個股，研究部門已經分析過產業訊息
與財報獲利潛力。這些股票大多是當時全市場認同的好
股票，假如不從投信籌碼篩選，單從外資籌碼找線索，
2011 年下半年上市股票會選到元大金與日月光，上櫃可
能選擇 F- 安瑞或是日盛金這類盤整與跌跌不休的個股：

外資持續買超但跌跌不休案例：日盛金（5820）

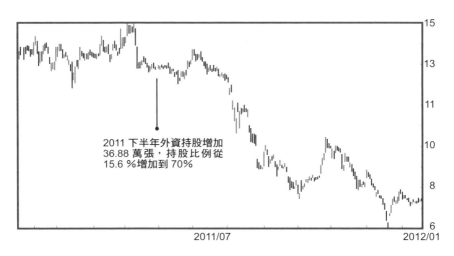

資料來源：鉅亨網

主動看好 VS 軋空手被迫追價

　　從投信與外資每日買賣超資料中可以看出，外資大買超的隔天，投信很容易大單追買。但是若外資大額賣超隔日，投信會選擇觀望或是小幅賣出。以過去經驗來看，股價從高檔大跌，或是外資急賣，投信並不會感到恐懼，反正熱門股票各家投信通通有持股，下跌時相對績效不會差太多，但是上漲時投信較容易發生一窩蜂追價的現象。2011 年第 3 季，台灣國內投信共有 37 家，179 檔基金，持有可成的投信有 36 家，占 97％，136 檔基金持有，占 70％！ 2011 年第 1 季的宏達電，2009 年第 2 季的宏碁，都是在上漲時各投信一路追買造成相同的持股分布。

　　當持股金額低於 5 億元時，持有者大多是主動研究選股看好者，因此不易產生被迫追價情勢。投信會寧願耐心等待理想價格再買，或分批進場，買盤也不該一日突然巨量爆增。若是因外資大量買超造成急漲，隔日才出現投信買盤（如 2011 年第 4 季的宏碁），不一定能造成連續漲勢。尤其是持股金額偏低，流通籌碼眾多而凌

亂時，追價勝率極低。只有在法人持股已產生明顯鎖碼
效應時，才值得相信軋空手將造成噴出大漲行情。

　　若想篩選外資能發動軋空手壓力的股票標的，股本
過小的股票，因為外資不碰，因此軋空手機率低，台股
上櫃製藥類股就有此缺憾。所以真正能產生軋空手效應
的股票，大多屬於摩根成份股中股本較低者，或者是台
股中型 100 指數成份股。

如何篩選出做多標的名單？
並且避開分析陷阱？

　　市面上有眾多股市教戰書籍，不計其數的選股哲理
與投資心法，投資人實戰之後經常會發現，效果似乎遠
比想像中差，很多人會誤以為自己沒掌握要點，學藝不
精導致虧損。實際上，多數的選股原則根本是無效的，
原因是大多數選飆股的法則是回朔過去資料編故事。

　　台股有超過 1,400 檔股票，不論甚麼樣的行情，每
天都會有股票漲停，也有股票跌停。每一季、每一年都

能找到大幅上漲的個股，也一定有跌跌不休的爛股票存在。分析師在這些股票過去的資料中，一定能找到符合飆股法則與技術分析買訊的時機。但運用到未來時，就不是這麼一回事！用個簡單的計算，就能輕易解開這種分析師唬人的手段：

假設每週檢視過去一個月（20個交易日）的交易資料與技術分析，當作是選股的依據。那每一年就有 50×1400 ＝ 7萬個不同組合有待判斷是否該買進。假設其中有50個值得操作的機會（等同平均每週找到一檔做多個股）。這表示找到股票買點的機率是 0.07％。剩下的 69,950 次判斷中，只要相同的選股買進訊號在其他6萬多次判斷中有1％誤判，就會多出69次錯誤進場時機，大部分技術分析的原則致命傷都是如此。放量突破移動平均線（MA）可以買進？乖離率大於20就是好買點？KD超過80是賣出訊號？不見得。投資人可以在技術分析教學書本上看到幾百個經典成功案例，但書上都沒告訴人們，還有數千個相同訊號時的失敗案例！

要避免陷入相同的分析陷阱中，就必須要確認幾個判斷要點：

1. 每日需要追蹤與分析的潛在股票名單不能太多。

2. 判斷法則不能太瑣碎，否則能操作的時機會太少。

3. 人們無法每天檢視所有個股，因此要妥善運用各類排
　　行榜與條件篩選。

　　以投信籌碼作為主要選股工具時，較不會有以上的
問題。投資人可以依照下列流程，篩選出有效的潛力股
名單：

Step1 檢視買賣超排行榜

　　投信買賣超資料大約每日下午 3:30 pm ～ 4:00 pm
就會公布。但證交所只提供買賣超張數排行，真正更有
用的金額排行，需要投資人自行將買賣超張數乘上收盤
價，或當日成交均價才能獲得。在前 30 名中，找尋庫存
低於 5 億元，或者庫存 Top20 的名單。

Step2 檢視買賣超／股本比例排行榜

　　單日買超大於 0.1％的是主要的目標。小股本高價股
是首選。中型股本（中型 100 指數成份股，或是摩根權值
股扣除前 30 大成份股）的股票需檢視是否有鎖碼效應。

Step3 額外再檢驗庫存 2 至 7 億元的股票

（排名第 70 名至第 200 名）

先刪除權值股（台股 50 成份股），ETF，TDR 存託憑證，再刪除股價 20 元以下低價股。再刪除當日買超金額 1000 萬以下個股，最後刪除買超／股本小於 0.1％ 股票。

完成上述步驟後，選股名單應該低於 10 檔，若無理想名單，就應該等待。

Step4 檢驗選股名單技術面與大盤環境

用投信籌碼選股，並不需要對大盤漲跌有精確判斷，只要大盤指數沒有大跌，跌破新低，或者跌破重要支撐關卡即可。盤整中選股依然能展現效力，個股資料部分，需注意買進張數有比昨日擴大，且造成股價上漲者佳。買超股票仍下跌，真正買點可能在一週後才出現，因此該耐心觀察，不該急於買進。

符合這 4 個步驟的選股，未來 1 至 3 個交易日可望走強。但要選到波段上漲標的，還要進一步分析。

Step5 找尋可能的題材

上述股票列表，檢視是否有財報，公司業績利多。或者產業族群好消息，分析師尚未發掘看好理由的股票更佳。

Step6 檢視更早期持股資料

過去長時間投信無持股，持有基金家數低於 10 家者續航力會較好。

這是選擇做多股票的原則，並不適用於做空選股。選出來的股票，可以持續追蹤運用的時間可能長達 1 季以上，不過運用的細節會隨不同的季節時間有所差異，掌握投信的節奏與習性，才不易出現誤判。

台股季節特性與投信習性

台股季節特性主要是因為市場資金面變化，財報公布與其他法令規定造成的，因此過去十多年來變化不大。

每年 1 至 3 月

由於台灣與亞洲接近農曆春節假期，人們剛拿到年終獎金，市場資金充沛。歐美股市元月同樣因年終分紅資金行情易漲難跌。因此，這段時間是全年中股市最容易上漲的時期。台灣企業在這段時間展望未來總是充斥的一元復始，萬象更新的氣勢。更重要的是，除了少數大公司在 1 月底召開法說會公布營運狀況外，無財務報告需要公布。年報將在 3 月底公布，第 1 季季報在 4 月底公布，1 至 3 月等同是財報空窗期，因此總是有利於炒作上漲。

投信在這段時間也會盡力做多，能繳出亮麗績效成績單的基金，最可能吸納到投資人的紅包錢。

每年 4 至 5 月

此時為台股發生高檔轉折向下機率最高的時期。由於財報將密集公布，之前吹牛吹過頭的炒作股票，股價會下跌回歸現實。此外，由於台灣法規規定企業必須在 6 月 30 日前召開股東大會，而股東大會召開前兩個月，為了確認股東名冊，會有一段時間停止融資融券。這造成了台股在 3 月下旬至 4 月這段期間，交易量會因停資券

快速萎縮，不利大盤上漲。

　　這時是投信各顯神通換股的最重要時刻。誰先找到今年度業績黑馬股，誰就可能是今年投資的大贏家，這時投信連續買超或賣超的股票特別值得關注。

每年 6 月

　　5 月下旬至 6 月，法人大致上已完成換股操作。企業陸續召開股東會，公布今年度的配股配息計畫，股東會召開時大部分不會公布利空，惹惱眾多股東。投資人對配息又有憧景。因此行情易陷入盤整，交易冷清萎縮。

　　由於投信公布的半年報中必須揭露持股明細，因此投信在 6 月份會積極作帳。自家持有看好的中小型股票，可能持續加碼買進拉抬股價，提升基金績效。但是曾經最被看好，幾 10 檔基金人手一張的「前」熱門持股，若已經被看壞拋售，在 6 月的最後一週反而容易成為競相砍殺的棄養股。別忘了基金經理人在意的相對績效，不一定要拉股價才會好。最狠、倒貨賣股票最快的基金，會讓持有相同股票的其他基金績效下滑，自己獲得「相對績效領先」！

每年 7 至 8 月

這兩個月是除權息旺季。由於除權時，大盤指數會將除權減少的市值扣除掉，因此這時台指期貨會出現超過百點的逆價差，反倒容易阻止指數下跌。不過整體除權息的效應，不一定對多頭有利。除權息是發放去年企業經營的成果，如果當年度企業營運展望樂觀，那除息分配大量現金給投資人，將會產生再投資的資金行情，有利上漲。不過如果當年度景氣不佳，企業獲利可能大幅下滑時，用除權息後的股價評估本益比（股價／每股獲利），就會顯得股價過於昂貴。因此除權息後反而容易引發連續下跌。

投信過去看好認養的股票，也有相當的比例在除權息後態度完全轉向為逐步出清。這時要密切注意個股除權後，法人是否出現不尋常的賣出行為。這是少數追蹤投信籌碼可以掌握的高檔轉折向下線索。

每年 9 至 10 月

歷經了五窮六絕七上吊的沉悶行情發展後，9 月是投資人最容易重燃戰鬥意志的時期。台股最負盛名的「中

秋節變盤說」幾乎每一年都會讓投資人期待。很不幸的，根據歷史經驗，中秋節不但變盤機率低，反而是崩盤機率高。過去 30 年來，10 月一向是崩盤發生機率最高的月份，因此被稱為黑色 10 月。

每年 11 至 12 月

　　10 月 30 日是第 3 季季報公布的最後期限，之後 5 個月是沒有財報必須公布的空窗期。不論當年業績多糟糕，企業展望來年，總是充滿希望與信心。投資人又缺乏財務數據可供查證，因此年底總是全年中最容易轉折上漲的時期。11 月底美國進入感恩節消費旺季，容易出現利多消息。12 月底投信法人與 6 月底一樣有作帳的需求。許多企業集團與金融業，由於有交叉持股與大量股票投資，可能影響全年獲利。因此企業法人年底會有集體作帳拉抬股價的傾向，而多頭的氣氛易延續到隔年。

　　「清明節後賣股票，國慶日後找買點」只要記得這個節奏，就已經贏過一半以上的投資人了！

從法人買賣排行榜抓出大盤轉折的訊號

判斷大盤多空趨勢，一向是台股投資中最重要的工作之一，投信買賣超排行榜，提供了非常重要的線索，只是大部分投資人不易查覺罷了。

1. 低點轉折向上的訊號：

在前面的章節中有提到，台灣國內投信，並不喜歡讓手中基金持股水位過低，必免引來監管機構關切。為了維持持股水位，因此會大量買進避險性標地（就是俗稱的定存股），與大型權值股。其中買賣三大電信股的態度，就是重要的參考依據。

2011 年台股加權指數從低點空頭逆轉成多頭，發生在 12 月 20 日。主要原因是當時的行政院副院長陳沖啟動國安基金護盤。2011 年 12 月 13 日投信買賣超金額排行榜是典型的避險操作：大量買進三大電信股。

護盤消息曝光後，投信買賣超出現 180 度大逆轉 ：全面拋售三大電信股。

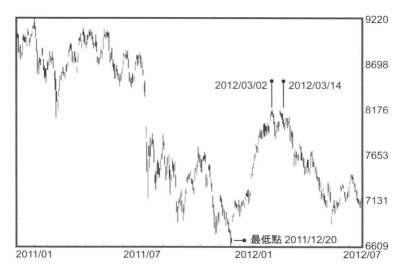

資料來源：鉅亨網

2011/12/13 投信買超金額排行榜

證券代號	證券名稱	收盤價	100/12/21	買賣金額（元）	庫存金額（億元）
2412	中華電	101	1530	154,530,000	76
231	緯創	39	2620	102,180,000	15
3045	台灣大	94	1059	99,546,000	12
1303	南亞	58.9	1456	85,758,400	5
2496	宏達電	426	185	78,810,000	8
2354	鴻準	92.2	834	76,894,800	21
3189	景碩	75	1017	76,275,000	30
2317	鴻海	81.5	731	59,576,500	81
2002	中鋼	28.55	1450	41,397,500	5
2357	華碩	210	196	41,160,000	14

資料來源：鉅亨網籌碼贏家軟體

2011/12/21 投資買超／賣超金額排行榜

證券代號	證券名稱	收盤價	100/12/21	買賣金額（元）	庫存金額（億元）
9914	美利達	67.5	-301	-20,317,500	16
8069	元大	39.15	-523	-20,475,450	5
4942	嘉彰	37.8	-597	-22,566,600	2
2707	晶華	383.5	-60	-23,010,000	9
2601	益航	34.7	-676	-23,457,200	11
8046	南電	62.8	-421	-26,438,600	3
2201	裕隆	48.8	-557	-27,181,600	13
2317	鴻海	82.5	-395	-32,587,500	81
4904	遠傳	55.9	-628	-35,105,200	24
3045	台灣大	94.5	-888	-83,916,000	14
2414	中華電	101.5	-1676	-170,114,000	77

資料來源：鉅亨網籌碼贏家軟體

證券代號	證券名稱	收盤價	100/12/21	買賣金額（元）	庫存金額（億元）
2498	宏達電	509	922	469,298,000	21
2474	可成	140.5	2078	291,959,000	48
2354	鴻準	95.2	2080	198,016,000	24
2454	聯發科	268.5	692	185,802,000	59
3211	順達	108.5	1218	132,153,000	22
3189	景碩	80.8	1586	128,148,800	34
3008	大立光	558	187	104,346,000	41
3673	TPK	365	267	97,455,000	18
6176	瑞儀	86.8	1093	94,872,400	39
3231	緯創	39.15	2410	94,351,500	18
2448	晶電	66.5	1399	93,033,500	24
6121	新普	163	353	57,539,000	33

資料來源：鉅亨網籌碼贏家軟體

　　除了電信股買賣行為以外，從投信的買超分布也能看出投信心態的轉變：在空頭趨勢中，投信即使覺得股價物超所值，但為了維持自己操盤的基金績效，每個基金經理人都不敢大幅加碼，尤其不敢追買原本持股水位已高的股票。避免績效出現大減，落後競爭同業，因此當投信認定行情已安全轉多頭時，還會看到以下的現象：

1. 投信單日買超金額超過 1 億元的股票數量大增。

2. 買超向中高價電子股集中。

3. 高庫存股票（庫存金額排行榜前幾名）與高持股比例認養股（庫存／股本排行榜前幾名）個股重新獲得投信菁睞。

4. 投信開始大膽買進小型股拼績效（買超／股本排行榜 > 0.1％）比例大增。2011 年 12 月 14 日行情仍偏空時，買超／股本比例 > 0.1％的數量有 14 檔。12 月 21 日轉折當日增加到 21 檔，到了 12 月 30 日已增加到 30 檔。2012 月 1 月 31 日行情進入主升段連續上漲時，大於 0.1％的買超股票檔數已增加到單日 72 檔！

　　投信的思維與一般投資人非常類似。行情剛從悲觀的空頭轉向，人們必定半信半疑，這時率先勇敢進場做

多的人，選擇買進當時最績優，過去一段時間 EPS 最高的股票，會比較安心。2008 年底金融海嘯最高峰時，巴菲特大手筆危機入市，也是運用相同的投資邏輯：高盛是當時體質最佳的投資銀行，花旗銀行則是當年大型銀行中跌幅最慘烈的。巴菲特選擇用 50 億元注資高盛，而非逢低買進花旗。但是當投信對行情展望越來越樂觀時，會傾向追求最大獲利。這時股本小，屬性較投機的股票，由於易於炒作。抓到潛力股，基金績效才可能大幅躍升，因此中小型股就出現的百家爭鳴的現象。

掌握上述線索，判斷大盤低點並不難。雖然無法預知最低點何時出現，但至少可以在行情轉折的第一天或第二天就察覺行情的趨勢轉變。

法人本來就比較不擅長看空行情。透過投信籌碼猜測行情高點，線索較為模糊，**從電信股的買賣超沒有辦法抓到高點**。大盤指數的最高點出現在 2011 年 6 月初，8 月因為歐債惡化出現大跌。整個 6 月中華電都沒出現過大於 1,000 張的買超。較大的單日買超出現在 7 月 19 日（買超 1,697 張），8 月 9 日（買超 1,197 張），連續大買高峰出現在 8 月 19 日。比對大盤走勢，7 月 19 日、8 月

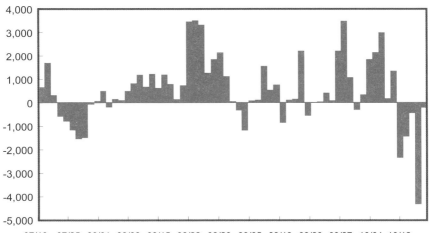

2011 年 Q3 投信對中華電信（2012）買賣超變化圖

資料來源：作者整理證交所數據

　9 日與 8 月 19 日恰好都是已經急跌後的指數低點，投信在行情轉空的初期，行為與行情的觀點與散戶沒什麼兩樣。用電信股買賣猜測高點，會陷入超級馬後砲的窘境。

　　大盤指數在 2011 年 5、6 月高檔作頭時期，投信真的毫無頭緒，依然堅定看多。但是 8 月初崩跌前夕，仍有強烈的態度轉變足以判斷風暴將至。線索在庫存排行榜：2011 年秋天的大跌行情，崩跌前最高點出現在 7 月 27 日、8 月 4 日起行情陷入連續暴跌。轉折前後的庫存金額排行榜變化是：

2011/07/27 Top20 庫存金額變化

名次	證券代號	證券名稱	收盤價	07/27	買賣金額（元）	庫存金額（億元）
1	3008	大立光	997	103	102,691,000	128
2	2474	可成	265.5	-71	-18,850,500	125
3	2498	宏達電	962	61	58,682,000	104
4	3673	TPK	876	51	44,676,000	95
5	2330	台積電	73.4	1462	107,310,800	76
6	3189	景碩	129	2117	273,093,000	66
7	2105	正新	85.4	-2190	-187,026,000	64
8	6121	新普	257.5	204	52,530,000	58
9	2201	裕隆	77.4	-26	-2,012,400	53
10	2354	鴻準	142.5	316	45,030,000	52
11	6176	瑞儀	115	767	88,205,000	51
12	2049	上銀	396	-29	-11,484,000	50
13	2881	富邦金	47.3	-2062	-97,532,600	47
14	6153	嘉聯益	69	140	9,660,000	42
15	1101	台泥	44.65	-2623	-117,116,950	41
16	6285	啟碁	107.5	183	19,672,500	39
17	2886	兆豐金	28.2	3736	105,355,200	37
18	6271	同欣電	132.5	50	6,625,000	36
19	3211	順達	148	-30	-4,440,000	33
20	2601	益航	75.8	-296	-22,436,800	33

資料來源：作者整理

2011/07/28 Top20 庫存金額變化

名次	證券代號	證券名稱	收盤價	07/27	買賣金額（元）	庫存金額（億元）
1	3008	大立光	987	-44	-43,428,000	128
2	2474	可成	264	214	56,496,000	125
3	2498	宏達電	901	-196	-176,596,000	96
4	3673	TPK	859	-104	-89,336,000	93
5	2330	台積電	73	-1352	-98,696,000	75
6	2105	正新	87.4	-631	-55,149,400	64
7	3189	景碩	123	250	30,750,000	63
8	6121	新普	258	66	17,028,000	58
9	6176	瑞儀	120	1023	122,760,000	55
10	2201	裕隆	77.2	-118	-9,109,600	53
11	2354	鴻準	139.5	-610	-85,095,000	50
12	2881	富邦金	47.8	-474	-22,657,200	48
13	2049	上銀	375	-419	-157,125,000	46
14	6153	嘉聯益	68.5	388	26,578,000	43
15	6285	啟碁	109	1105	120,445,000	41
16	1101	台泥	45.45	-3341	-151,848,450	39
17	2886	兆豐金	28.2	333	9,390,600	37
18	6269	台郡	95.2	162	15,422,400	36
19	2601	益航	77.5	-26	-2,015,000	34
20	6271	同欣電	123.5	-14.1	-1,737,275	34

資料來源：作者整理

2011/07/29 Top20 庫存金額變化

名次	證券代號	證券名稱	收盤價	07/27	買賣金額（元）	庫存金額（億元）
1	3008	大立光	970	33	32,010,000	126
2	2474	可成	252	-232	-58,464,000	119
3	3673	TPK	850	-264	-224,400,000	90
4	2498	宏達電	858	-732	-628,056,000	84
5	2330	台積電	72	-48	-3,456,000	74
6	2105	正新	86.5	-765	-66,183,313	63
7	3189	景碩	119	-719	-85,561,000	60
8	6121	新普	248.5	-90	-22,365,000	56
9	6176	瑞儀	113	599	67,687,000	53
10	2201	裕隆	75.4	-1806	-136,172,400	51
11	2354	鴻準	133	-848	-112,784,000	47
12	2881	富邦金	47	-733	-34,451,000	47
13	2049	上銀	349	-603	-210,447,000	41
14	6153	嘉聯益	66	-377	-24,882,000	41
15	1101	台泥	45.6	2209	100,730,400	40
16	6285	啟碁	102	20	2,040,000	39
17	2886	兆豐金	27.75	250	6,937,500	37
18	6269	台郡	92	-153	-14,076,000	35
19	2601	益航	74.4	487	36,232,800	34
20	3211	順達	142.5	-220	-31,350,000	33

資料來源：作者整理

很明顯，高庫存的核心持股出現賣超暴增現象，不但持股 Top20 出現廣泛拋售，而且單一個股賣超金額超過 1 億元的檔數也驟增（觀察時請記得排除電信三雄與權值比重最高的台積電，這 4 檔股票賣超與看壞大盤趨勢完全無關）。

這時法人的想法與一般投資人依然十分相似。當對未來的展望判定只是多頭行情中的正常回檔時，最看好的股票無需變動，只要檢視持股汰弱留強即可。但是如果對行情真正感到悲觀，或者認為危機迫近，這時最重要的工作是賣股票變現，提高資產的現金比例。核心持股占資產比重最高，就會出現集中被拋售的情形。如果無法每日密切追蹤庫存 Top20 名的買賣超變化，也可以只追蹤庫存中，股價高於 100 元的前三大持股。

2011 年第 2 季是「宏達電＋大立光＋TPK」，2012 年第 2 季是「可成＋瑞儀＋台郡」。在一般的行情變化中，這種前 3 大認養股是最糟糕的做空選擇，非常抗跌。但是當發現這些股票法人突然開始擴大賣超，而且股價抗跌現象消失時，大部分也代表大盤指數已經岌岌可危，隨時可能陷入主跌段趨勢中。

投信猜不到行情最高點，但是對於主跌段的起跌時機，仍然有不錯的敏感度！

影響大盤漲跌的因子非常多，可能是國內突然宣布的政策，或是全球總經變化，甚至可能是政府干預造成的。投資人必須密切觀注各種消息與國際股匯市變動，才有機會抓到關鍵變化時機。投信的行為變化，不足以判斷每一個轉折點。但是以上述的現象作為判斷大盤多空變化的輔助參考，將可以大幅提高勝率。

投信交易細部拆解 3：拋售期

一般投資人總是以為，法人擁有專業與眾多資訊，因此總是在高檔不知不覺出脫持股，大獲全勝長揚而去。事實上，完全不是這麼一回事，法人對高點賣出時機的判斷敏感度十分糟糕，高檔轉折期，法人大多冷眼看著股價下跌，而非積極拋售。真正開始不計價殺出時，已經距離最高點有一段距離，只有少數情況例外。

股票市場的遊戲規則本來就是對做多較有利，多方

長期享有配息收益，法人大多只做多方，個股做空限制極多，又容易引來政府關切，不利於大部位資金操作。因此，在股市做空的人永遠是少數。台股融券總額只要超過百萬張，就已經是極高的數字，2011 年底時（場外）借券賣出一度飆高到 400 萬張，市值約 1,500 億元，加上融券 80 萬張，市值也不足 2,000 億元，占台股總市值比重只有 1.2％而已！因此不論從融資融券，或者法人買賣資訊，都不易找到高檔轉折的線索。

以下是 2011 年上銀（2049）買賣超的案例，上銀最高點出現在 2011 年 7 月 27 日。投信持股最高峰出現在 7 月 22 日。當時持股金額高達 49 億元，張數 13,000 張，庫存排行榜第 14 名。從 7 月 22 日至 7 月 27 日上銀股價大幅飆高，從 350 元漲到 400 元。投信卻反向小額連續賣超，一直到 7 月 28 日開始出現連續 3 天大額的賣超。不過只賣出庫存 10％，之後就開始觀望。這樣的賣超狀況在 5 月與 6 月也都出現過，不過股價只是橫盤，而非大跌，之後又繼續創新高。接下來，一段時間都處於無大額買賣的狀況，一直到 8 月底才開始另一波追殺賣出。不過真正的看壞拋售是從 2012 年 1 月後才開始。

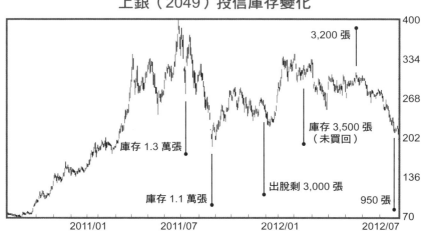

上銀（2049）投信庫存變化

資料來源：鉅亨網

投信庫存從 9,000 張降到 3,000 張，股價反而是持續在
280 元上下橫盤，並沒有大幅重挫。

　　一般高檔轉折的原因，大多是股價出現不大合理的
飆高，或者投資人突然收手觀望不買，而非大量賣超出
現。至於收手的理由千奇百怪，可能是國際突發事件，
也可能是個股與產業自身出現利空，不過以台股的季節
性特殊節奏來看，大盤與個股最可能轉折時期有兩個：

1. **清明節前後**：清明節易出現高點轉折向下並非迷信。
　　台灣股市規定，3 月底必須公布年報，4 月底公布第 1

季季報，在此之前有 5 個月的時間無財報公布，企業
不論如何吹捧自己未來的展望，投資人都不易查證。
但是 3、4 月財報出爐見真章，法人會根據公布數字調
整部位。因此若景氣不佳，很容易從 4 月開始轉為下
跌。此外，由於法律規定，企業必須在 6 月底之前開
股東會，股東會前 2 個月為了確認股東名冊，會暫停
資券交易，融券強制回補，造成交易量萎縮。5 月申報
所得稅，許多大股東會在 3、4 月申報賣出，籌措繳稅
資金，或者當年現金增資／發債所需的金額，因此 4、
5 月總是易跌難漲。

2. **個股除權**：第二個可能轉折向下的時間點是除權前。
近年來，台股上市企業傾向於高分紅配息，資金部位
較大的中實戶投資人為了避稅，偏好選擇除權前棄權
賣出。除了減少繳稅損失以外，也可以避開因員工配
股造成的損耗。如果是獲利穩定與成長的公司，除權
後只要有下跌，原本棄權的股東就會有積極承接買回
持股的意願。但是如果是業績起伏大的企業，法人就
可能在除權前後，態度徹底轉空，連續拋售出清部位。

　　上銀 2011 年轉折點的真正原因，就是除權。當年的除權日期是 8 月 3 日，台灣股市信用交易的規定是除權前 5 個交易日停止融券，前 3 個交易日停止融資。停券前，投資人會期待空單回補形成上漲力量，不過實際上難以形成真正的軋空。2011 年停券前 2 週，上銀融券餘額大約 3,000 張，約等於平均單日交易量 1/2。隨時都可以輕易回補，而且融券全數回補歸零後，股價還繼續飆漲 2 天！

　　軋空單實際上只是個想像的題材，而非真實力道來源。後續的下跌力量來源幾乎都是非上銀本身企業的因素，法人也不是殺盤兇手，2012 年後法人真正開始看淡前景的原因，是因為上銀的大客戶，是歐洲的龍頭機械企業，受歐債惡化衝擊影響，當然短期內不易有業績大暴發的潛力。

　　以上屬於法人主動拋售撤出的狀況。外資轉向拋售的時機更多元，更難猜測。一般狀況下，外資對產業景氣的追蹤資料詳盡，因此較有可能在股價仍在高點時就突然轉向連續拋售。這時國內投信資金就可能被迫跟著殺出，形成被動追殺的情勢。2011 年 8 月下旬與 9 月初

上銀大跌，就是外資拋售的傑作，但外資並非經常當贏家，內資也不是笨蛋，只是雙方的優勢不大一樣而已。半導體、大型電子代工廠等產業國際化程度高，外資也聘用了大量專業分析師追蹤產業與個別公司營運狀況，因此能領先發掘景氣變化。但是中小型的公司，反倒是國內投信能掌握較多的領先訊息與內線，不過投信經理人透過訪談與人脈所獲得的內線，大多屬於利多消息。公司經營層本來就不會主動談論衰退與困境，因此從投信籌碼更難找出行情轉折向下的線索。

　　追蹤法人籌碼請牢記：外資或是投信籌碼分析不一定能抓到頭部與最高點，不過若配合時間點的季節特性（停券、除權息）就能大幅提高命中高點轉折的機率。

　　投信與外資拋售，不等於股價必定完蛋，許多績優股，法人可以在漫長盤整中全身而退。發現法人開始賣出甚至出清某檔股票，請不要興沖沖立刻跳進去做空，有超過50％機率會遭遇無止境的橫盤。法人拋售的股票是否會連續下跌，一定需要搭配關鍵因子：

1. **基本面利空**：不論是個股的壞消息或是整個產業的利

空都可以（例如：2012 年上半年 TPK、裕隆）。

2. **公司透過隱蔽的手段印股票圈錢**：海外發行 DR 或是國內可轉債轉換普通股，殺傷力最高（例如：2012 年勝華）。

　　股市裡 95％以上的力量都在做多（別忘了融券做空最倡狂時還不到台股市值 2％）。因此不論法人或是散戶，幾乎都不存在刻意打壓股價的動機。真正造成下跌的原因，永遠是多頭悲觀絕望時自相踐踏造成的。法人賣超的短線力量永遠不是主因，因此選擇做空標的時，確認利空消息反而比猜測法人是否連續賣超更重要。

　　判別法人賣超是否會造成連續下跌，當日賣超數量也不是判斷重點。法人的庫存數量與持有該股票的基金家數才是最重要的，庫存並非越高越危險。投信高持股的個股，一般是大型績優股或者當時高獲利的熱門企業。即使國際行情與大環境陷入空頭，篤信基本面優勢的法人不會立即拋售，反而會趁極跌時作加碼買進。因此，高持股個股，尤其是投信持股排行榜（以金額排序）Top5，與投信持股已經超過該股票股本 20％以上

的股票，特別不適合看空。這些股票在大盤尚未跌破季線，或者大盤多空看法分歧時，不但可能抗跌，還可能持續上攻創新高！較適合做空的股票，是股價已經下跌一段，法人也已經出現連續賣出後的股票。

依過去經驗。投信持股過去曾經非常高（超過 50 億元或排名前 10 名），但目前已經降至 20 億元以下的個股，最可能在盤勢轉向初期遭到拋售。由於投信彼此績效競爭，先前的績優股法人會競相購買，等局勢變成空頭，利空出爐時，法人也會爭先恐後殺出，避免自己操盤的基金績效落後對手。所以，這些過去被追捧的股票，跌勢會非常漫長，時間長達 9 至 20 個月。投信持股已經減少一半後再找尋做空機會，不但相對安全，能獲得的跌幅與下跌速度也都遠優於初跌段與法人對抗。要尋找法人過去高持股，但是目前已進入拋售期的股票，除了需要有 6 個月以上的歷史資料作比對以外，更簡單的方法是統計過去投信持有該股票的基金數目：

從投信投顧公會（SITCA）的資料中可以知道，投資台股的國內股票型基金大約有 200 檔。被投信高度追捧的股票，大約會有 120 檔以上的基金持有該股票。這

項資料每一季會更新一次，若發現 3 ～ 6 個月前的資料中，持有該股票的基金家數仍高（60 檔以上基金持有該股票），但目前持股總金額已經大幅下降者，就表示這檔股票屬於投信棄養股。被棄養的股票因為籌碼逐漸散布在一般投資人手上，會越來越凌亂，不論媒體再怎麼報導利多，股價都易跌難漲。

投信已拋售 1/2 以上持股的股票適合做空，整個產業都已出清持股的更適合長空。股價從 200 元跌到 150 元的過程，因為投資人仍認為這是績優企業，因此會憧憬逢低買進可能的賺錢機會，股價會有煩人的震盪整理。

但是股價從 13 元跌到 10 元，投資人已經一致認定這是爛股，連新聞都懶得報導，因此股價反而能完全無反彈一路下跌。

同樣目標都是抓取 25 ％跌幅，選高價績優股擇做空，簡直是自虐！做空低價股，或是法人早已清空一段時間的爛股。獲利的效率更高，遭遇意外大漲的風險也較小，缺點只是不易讓自己產生投資手腕高人一等的成就感罷了。

主動賣出與被動賣出

　　要從法人籌碼變化找到短線做空的契機，辨認法人到底是主動賣出還是被迫賣出是個相當重要的工作。被迫拋售會出現短期連續性下跌行情，但持續性並不會太久。如果投信獲得準內線消息，或是領先全市場看壞某家公司，較可能採取的賣出手段是逢高賣出，而非不計價拋售。這時看到的現象是只要上漲投信就會賣超，而且賣超會斷斷續續，避免打壓股價傷害自己的基金淨值。這時的股價會是緩慢盤跌，只有重大意外財報，或是已被拋售一段時間的股票又遭逢大盤利空，跌勢才會猛烈。被迫賣出的情形可以分為以下四類：

1. 系統性風險與停損變現需求（發生機率小）

　　當市場已爆發重大意外事件（如地震、911 事件），或是大型企業違約倒閉時，法人為了應付可能發生的贖回潮，或者規避保險業者賣資產準備償付保險給付，必然先行賣出股票，造成龐大賣壓。不過這類賣壓大多會

在 2 至 3 天內結束。

2. 產業與個別公司突發利空（發生機率小）

　　若個別公司與企業突然發生意外利空，法人也會選擇拋售。尤其是本業獲利不夠高的轉機股，最容易受害。畢竟轉機題材不一定能轉化為實質 EPS，利空將會造成後續炒作巨大阻力。2011 年夏天發生的塑化劑事件就是典型案例。

　　塑化劑（DEHP）事件是飲料，健康食品發現違法有毒添加物。理論上與生技製藥類股無關，但當時被投信追捧的東洋（4105），事件爆發前持股一度高達 1.4 萬張。但到了 7 月底，指數已經反彈回 8,800 點，投信拋售的 3,000 張並沒有回補，到了 2012 年春天台股大反彈，投信持股已降到 7,000 張。從 5 月高點算起，股價跌幅最深曾經腰斬！非常驚人。在這段期間東洋的營運一直十分穩健，並不任何衰退。公司生產的癌症用藥與抗感染藥品，在業界也具有領先優勢。EPS 3 元且持續緩慢上升，基本面完全沒有任何瑕疵。

2011 年塑化劑事件大盤 VS 東洋 (4105) 股價比對圖

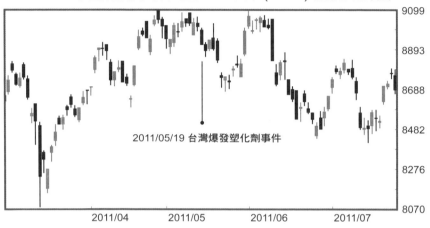

2011/05/19 台灣爆發塑化劑事件

資料來源：鉅亨網

　　真正的殺盤主因是：在 170 元高價時，本益比 50 倍，當炒作題材消失後股價就難以支撐！不過若是看到本益比高於 30 倍就認為偏高，同樣不可行。東洋 2009 年到 2011 年，EPS 不過從 2.5 元增加到 3 元，但股價卻從 40 元漲到 170 元，超過 4 倍。本益比超過 30 倍做空，照樣會被軋空斷頭。投資人務必記得：**操作台股，單看本面效果很糟，一定要追蹤法人動向，才不易莫名其妙受創。**

3. 外資拋售（發生機率中等）

　　投信自知本身力量不足，因此當發現外資有擴大賣超情形發生時，有可能會跟隨外資轉向拋售。會被拋售的大多是權值較高，而且非投信核心認養的股票（庫存金額 20 億元以上，又不屬於台股 50 成分股的，可視為核心認養股），投信並非任何股票都會跟隨外資賣超殺出。

4. 大盤技術空頭趨勢中破線創波段新低（發生機率高）

　　雖然投信與基金經理人很重視基本面，但是投信內部制定的停損法則，大多與技術分析有關。如果在空頭格局中（加權指數在季線或是 60 日線之下可視為空頭格局），指數創波段新低時，投信很可能快速拋售庫存最高的核心認養股。

2011 年 8 月加權指數大跌

資料來源：鉅亨網

2011/08/19 投信庫存 Top15 賣超情形

名次	證券代號	證券名稱	收盤價	08/19	買賣金額（元）	庫存金額（億元）
1	2474	可成	219	-1722	-377,118,000	105
2	3008	大立光	776	-39	-30,264,000	102
3	2498	宏達電	719	-230	-165,370,000	68
4	2330	台積電	63.9	27	1,725,300	68
5	6121	新普	214	-111	-23,754,000	56
6	3673	TPK	575	-89	-51,175,000	50
7	2105	正新	63.6	762	48,463,200	48
8	2201	裕隆	65.3	359	23,442,700	48
9	1101	台泥	42	-995	-41,790,000	42
10	3189	景碩	91	-175	-15,925,000	41
11	2049	上銀	325.5	-22	-7,161,000	40
12	2886	兆豐金	24.65	1171	28,865,150	40
13	2881	富邦金	40.75	-1450	-59,087,500	40
14	6176	瑞儀	80.5	-2203	-177,341,500	38
15	6153	嘉聯益	54.2	-2246	-121,733,200	38

資料來源：作者整理

2011/09/23 投信庫存 Top15 賣超情形

名次	證券代號	證券名稱	收盤價	09/23	買賣金額（元）	庫存金額（億元）
1	2330	台積電	67.5	4092	276,210,000	92
2	3008	大立光	713	-27	-19,251,000	91
3	2474	可成	164.5	-2396	-394,142,000	74
4	2454	聯發科	324	167	54,108,000	66
5	3673	TPK	570	-314	-178,980,000	60
6	6176	瑞儀	90.1	-215	-19,371,500	57
7	2498	宏達電	679	-96.9	-65,812,075	56
8	2412	中華電	97.7	2217	216,600,900	56
9	3189	景碩	99.6	387	38,545,200	52
10	2105	正新	62.5	-3394	-212,125,000	48
11	6121	新普	178.5	-73	-13,030,500	44
12	2201	裕隆	57.8	-324	-18,727,200	39
13	8069	元太	66.3	-55	-3,646,500	38
14	6153	嘉聯益	49.3	-250	-12,325,000	36
15	2317	鴻海	69	618	42,642,000	32

資料來源：作者整理

PS：別忘了！表格中的台積電與中華電，並非投信看好的標的，這是屬於避險標的，投信買進的目的是維持基金持股水位不會過低。

　　只要行情仍處於股價高檔，投信幾乎都不會有被迫賣出的情形發生。因此，以追蹤投信籌碼作為操作判斷主軸的投資人，必須放棄想空在最高點的欲望。做空時適度參考技術分析指標與型態，對提高勝率幫助很大。不過選擇做多時機時，就不需要太在意技術分析，投信可能逆勢抓到相對低點，也可能掌握不為人知的利多，太過重視技術分析訊號，反而會錯失做多良機。

投信交易細部拆解 3：出清期

　　上一波多頭時期投信的認養股，若產業前景確定已不再亮麗，而且投信也大幅拋售 2/3 以上的持股，是空頭趨勢中最好的做空選擇。這些股票反彈疲弱，跌跌不休，報章媒體也懶得理會，尤其是多頭時期有偏離基本面大漲的熱門股票，更是做空的首選！來看幾個實際的案例。

案例一：華寶（8078）

　　投信一路追買華寶，持股最高峰出現在 2012 年 2 月 15 日，庫存量約 43,000 張，在 3 月時市場謠傳華寶會計帳目有瑕疵，造成股價急轉直下，投信也同步大量拋售，到了 4 月 25 日投信庫存已經降到 19,000 張，不足高峰時期的 1/2，庫存金額跌破 9 億元，投信賣超趨緩，不再有單日 2、3,000 張的大單殺出，不過後續的股價依然跌跌不休。這段時期，反而是做空的絕佳時機。

華寶 2/15 後法人終止買超，轉為零星賣超，
3/15 後出現連續巨量賣超

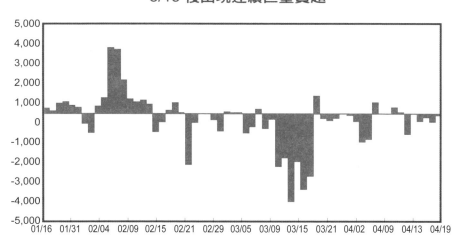

資料來源：鉅亨網

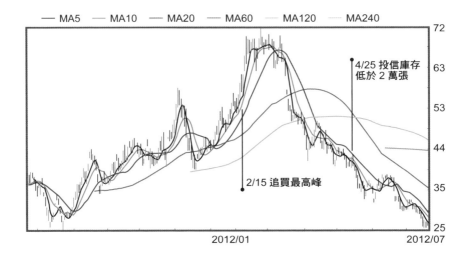

- MA5 — MA10 — MA20 ⋯ MA60 — MA120 — MA240

4/25 投信庫存
低於 2 萬張

2/15 追買最高峰

2012/01　　　　　　　　　　　　　　2012/07

　　這個案例中，華寶從 65 元暴跌到 50 元，又快又
急，對於想做空的投資人來說非常誘人，但是實務上並
不容易分辨，也很難拿捏時機。當時利空謠言也令人半
信半疑，但是 4 月下旬後，新聞已開始報導華寶代工的
Nokia 新手機銷售不如預期，這時不論是技術面還是基
本面，都已經轉為空頭氣氛。做空依然有豐厚的利潤空
間。簡單計算一下：

1. 精確掌握華寶高點。在 3 月 13 日破線 65 元價位做
　 空，4 月初反彈前 45 元回補，神乎其技的操盤表現！
　 獲利幅度是 31％。

2. 4 月 26 日後在已知法人賣出，技術面偏空，基本面壞消息一堆時，在 44 元做空，到 7 月 29 元回補。後知後覺，以打落水狗的態度操作，獲利幅度 34％！

瞧！做空真的不需要具備先知的本領，也能賺得跟超級高手一樣多，只不過時間較長，需要更多的耐心等待。當然，要找出這類股票還是需要一些技巧，必須觀察到以下現象時，才能放心做空：

1. **台股大盤必須是偏空氣氛**：老規矩，看到指數在季線之下，就假設大盤偏空。透過籌碼分析選擇做空標的時，對大盤漲跌並不需要太精確的判斷，用簡單的季線法則就夠了。

2. **選擇之前被吹捧為獲利大成長，實際上很普通的股票**：華寶 2010 年與 2011 年公司都是虧損，當 Nokia 智慧手機光環消失後，即使轉虧為盈，也無法享有太高本益比。台股平均本益比不到 20 倍，這類轉機股回歸現實後，本益比低於 15 倍很正常。

3. **投信已經出現明確賣超**：當一檔股票連續多天出現在賣超金額排行榜前 10 名，而且庫存量降到高峰時 2/3

以下，就表示投信態度徹底轉向。後續出清過程，可以長達半年至 2 年。

案例二：網龍（3083）

即使投信已完全出清，被棄養的股票依然還有漫長的跌勢！網龍（3083）就是經典案例。

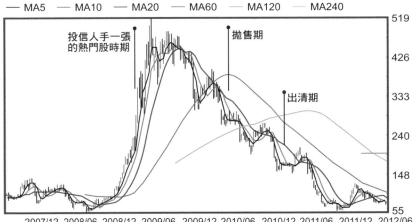

── MA5　── MA10　── MA20　── MA60　── MA120　── MA240

投信人手一張
的熱門股時期

拋售期

出清期

519
426
333
240
148
55

2007/12　2008/06　2008/12　2009/06　2009/12　2010/06　2010/12　2011/06　2011/12　2012/06

資料來源：鉅亨網

　　線上遊戲股票是 2009 年，金融海嘯後最耀眼的族群，幾乎每檔基金前五大持股都看得到遊戲股的蹤跡。投信在 2010 年開始不斷拋售，到了 2011 年 3 月底，只剩下一檔基金還持有 10 張網龍，但是股價仍可以從 160 元繼續跌到 70 元，跌幅超過 50％。後續的跌幅，企業獲利大幅萎縮是最大主因！ 2010 年網龍 EPS 10.4 元，以已當時股價計算本益比約 15 倍。2011 年大幅萎縮至 3.6 元，本益比大約 18 倍。

　　從本益比的角度來看：當有利多題材，投信追捧炒作時，起漲點附近會先看到本益比超過 35 倍。一路飆高到不可思議的價格，之後才會看到公司財報獲利大幅提升。但是在下跌過程中投信拋售會先讓本益比跌破 20 倍，甚至跌破 15 倍，造成散戶誤以為物超所值，之後公司獲利不斷萎縮，股價也跌跌不休。

　　由於一般散戶看到的是過去 3 個月的公司獲利情形，而法人是透過訪談與各種產業消息總和評估，來猜測 3 至 6 個月後的公司獲利。因此當看到投信先前看好的熱門股票已經跌到本益比 20 倍以下，傳說中「值得價值投資進場」的價位時，投信法人依然賣超，那表示投

信掌握的基本面利空遠比一般投資人認知的悲慘。逢低承接會是肉包子打狗的行為，非常危險。

如果投信已經出清，除非投資人對 1 年以前的熱門股有鮮明印象，否則單從每日的買賣超與庫存資料中不易篩選，而且還需要掌握基本面的變化，才能順利抓到最後的下跌波段。這類股票是大盤已進入空頭時的空單標的，指數由多轉空時期，並非主要的選股目標，多空轉折期選擇投信仍有持股，而且持續賣出的棄養股，才是做空重點。

不過這些棄養股，從庫存排行榜上篩選，會與投信正在加碼的認養股混雜在一起，因此要細心比對：

Step1 選擇庫存低於 15 億元的投信持股列表。

Step2 排除股價高於 90 元的股票（直接假設高價股都不是爛股）。

Step3 排除台股市值前 20 名（大牛股可以長期盤整）。

Step4 比對 6 個月前高於 15 億元的投信持股名單，找出重複者（這樣可以排除持股正在增加的股票）。

Step5 選擇本益比大於 20 倍（公司獲利已衰減）或者低於 12 倍（投信願意在極低本益比拋售）的股票。

證券名稱	5/10	7/20
益航（2601）	44.50	30.80
潤泰全（2915）	50.90	52.60
緯創（3231）	42.45	35.40
閎暉（3311）	69.20	61.50
台表科（6278）	65.00	50.20

資料來源：作者整理

　　2011 年 5 月 10 日大盤指數跌破 7,500 點，後續兩個多月的時間內處於低檔盤整的格局，透過上述流程篩選股票，只選出 5 檔，其中 4 檔做空能有獲利。若是順利遇到空頭走勢，指數有明顯跌幅，獲利會更為明顯，這樣的選股仍會有少許漏網之魚（比如說華寶，就因為持股金額早已大減，因此被排除），若多比對 9 個月前與 1 年前的名單，可以抓出更完整的棄養股。

　　這個選股流程，是比較死板的篩選方式，**投資人應該要更重視選股背後的精神：找出棄養股。**這些股票可以做空的時間可以超過 1 年，因此想要在空頭行情中大賺一票的投資人，一定要養成記錄的好習慣。現在的棄養股一定是過去熱門的看多認養股。現在股價飆得越誇

張，越不該立刻做空，每個月將這些最熱門最看好的產業與飆股登記下來，半年或是 1 年之後，這就是潛在的做空選股列表。當發現投信已明確拋售至少 1/3 持股後，就是空頭趨勢中的絕佳做空目標。

　　已處於投信出清期的股票何時會止跌？很難猜測。因為末跌段的終點，大部分與大盤指數波段止跌有關。法人可能連續多年都不碰這檔股票，追蹤籌碼無任何判斷低點的線索，使得這些末跌段的股票，當遇到大盤止跌（請參考從「法人買賣判斷大盤轉折」章節）後，就該回補平倉。已累積巨大跌幅的「前代績優股」，股性會變得十分投機，有可能在大盤翻多後變成炒作的目標。

避險性質標的與定存股

　　台灣的國內股票型基金，在空頭後期，會積極買進避險性質的股票，瞭解甚麼股票屬於避險標的，是投資人必學的重要功課。

　　美國權威金融機構標準普爾（SP）與摩根史坦利

（MSCI），將全球股票歸類成 10 大產業：1. 能源；2. 原物料；3. 工業；4. 非日常消費品；5. 日常消費品；6. 醫療保健；7. 金融；8. 科技信息技術；9. 電信；10. 公用事業。

其中公用事業（Utility）被視為企業獲利與景氣榮枯關聯最小，股價最穩健的族群，最適合保守投資人持有，也是在空頭行情中值得投資的資金避風港。不過台灣股票的特性，與國際習慣大不相同。全球股市中，經營供水、供電，與提供天然氣的企業，才會被歸類為公用事業（開採天然氣的屬於能源產業）。

在台灣，供水供電的都是國營企業台電、自來水公司獨占。台灣股票市場裡，民營電廠、經營汽電共生企業，與天然氣公司，都被劃分為能源產業。由於這些民營企業本身無定價權，盈虧深受國營企業影響。因此，投資價值也比歐美公共事業低，並不受投資人重視。

在台股中，最具有公用事業特色的是電信業務類股：中華電、台灣大，與遠傳這三家電信業者。由於中華電信在台灣有線電話業務中仍具有寡占色彩，因此公司獲益穩定。其他兩家業者在手機與網路業務上，跟隨

中華電信的定價，就能共享利益。美國的電信業者處境完全不同：早期的貝爾電話公司，曾經也處於壟斷地位，但 80 年代時被美國司法部依反托拉斯法拆分為七家公司，從此電信業進入完全競爭時代。

領先的業者不斷壯大，但競爭落敗的電信公司也會破產或者被收購，長期投資美國電信股可能最後變成壁紙一張。雖然對投資人不利，但美國消費者也因此能享受到更廉價更完善的服務。不論是歐美的公共事業股票，還是台灣的電信業務股票，由於股價長期穩定，每年又能提供配息，因此被人們視為定存的最佳替代投資。

在台股中，與電信三雄屬性接近，能被稱為「定存股」的還有超商、有限電視企業，與保全業。但由於超商企業跨足海外經營，可能獲利倍數成長，也可能競爭落敗。未來應該被視為績優股，而非定存股。定存股需要滿足兩個條件：

1. 具有寡占特色，行業進入門檻高，無競爭對手。
2. 業務屬於民生必須消費，與景氣變化關聯低。

過去很多人將中鋼、台塑、台玻這些龍頭企業誤以

為是定存股，這是嚴重的判斷錯誤。景氣大循環長達1、20年，在經濟衰退時期，這些景氣循環股可以連續多年虧損，讓投資人年年失望，甚至因為產業變遷，完全失去競爭力，投資人在做長期投資時，需嚴謹思考！

這些定存股，對投信操作佈局而言，並非絕佳的長期持有標的。因為定存股股價波動幅度小，雖然在空頭行情中不易大跌，但在多頭行情裡，漲幅大多會落後大盤，造成基金績效受拖累。

因此，投信大多將這些定存股當作避險標的，空頭時買進，多頭時拋售，如此可以避免基金持股比例過低，被政府關切。統計投信對避險標的的買賣，就成了判斷投信對大盤多空看法上重要的指標。

投信的隱藏實力：代操（全權委託）

至 2012 年 6 月為止，投信掌控的代操資金規模已經成長到 9,500 億元。等於股票型基金規模的 2.5 倍，實力相當驚人！其中 1/2 是政府四大基金委外代操，剩下的

1/2 是國內其他法人與一般人的委託，這部分可能包含保
守性債券投資。由於代操不用公布持股與進出明細，因
此無從得知操作的細節與變化。從公開資料中只能夠取
得每個月投信代操規模總額的數據：

代操金額前 10 大

投信	契約數	資金總額（億元）
國泰投信	56	3,037
保德信投信	25	1,011
富邦投信	13	803
安泰投信	22	721
復華投信	41	538
匯豐中華投信	13	467
統一投信	17	466
瀚亞投信	2	436
元大寶來投信	17	435
群益投信	11	427

資料來源：作者整理（2012/06）

投信代操政府資金一覽

（單位：億元）

投信	勞退舊	勞退新	勞保	退撫	國民年金	累計
國泰	164.93	196.82	165.81	120	68.47	716
安泰	201.75	199.78	124.16	80	40.97	647
復華	78.66	165.56	55.6	170	54.95	525
保德信	195.42	226.54	-	40	-	462
統一	130.61	47.53	78.8	130	56.25	443
群益	196.74	170.89	-	50	13.08	431
富邦	31.68	265.75	36.13	90	-	424
匯豐	50.2	182.05	-	130	-	362
寶來	61.56	189.45	-	0	-	251
永豐	35.53	90.44	80.67	40	-	247
日盛	37.1	88.03	-	50	27.49	203
摩根	29.64	85.76	-	40	-	155
元大	27.28	49.03	0	40	0	116
德盛	-	-	18.19	40	-	58

資料來源：作者整理（2012/06）

　　過去大多數人都認為政府四大基金股票進出總是以政策護盤為主，實際上早已不是如此，目前四大基金已將超過 5,000 億元的資金交給投信操盤，占投信代操總

額的 1/2。這些資金全數投入台股市場，績效競爭非常慘烈！以退撫基金為例，如果代操績效低於大盤，又低於目標報酬率（約 1 年＋ 6％），退撫基金就會公告不合格的經理人姓名。面對這種巨大壓力，代操經理人在空頭趨勢中只會選擇更果斷的拋售持股，根本不可能逆勢盲目護盤。每一年所有勞工繳納的勞保與國民年金都會有 500 至 800 億元成為新的委託資金活水。對投信而言，自行募集一檔新基金，遠比爭取政府代操更辛苦，因此各家投信都非常重視維護代操部位的績效。

雖然代操經理人與投信基金經理人並不相同，不過大多數同一投信旗下的基金，看好的產業與持股內容都大同小異，因此可以粗略猜測。代操資金也持有同樣的股票，差別在於代操不會中途資金被贖回，空頭行情也不用維持偏高的持股比例，因此操作可能更加靈活。目前只知道有些投信本身國內型股票基金規模不大，但是掌握了比傳統股票基金多數倍的政府代操資金。以復華投信為例，2012 年 6 月國內股票型基金總額 95 億元，但代操資金有 525 億元，這表示復華投信基金的持股庫存，可能是檯面上看得到部位的 5 倍。以此類推，依照

代操資金與各投信一般股票規模的比例，將投信庫存作等比例放大，就可以得到一份包含政府代操的庫存估計值，這對未來行情的判斷會有幫助！

　　最顯著的現象是：當四大基金公告新的委外代操資金招標審核前，投信會積極買進自家看好的認養持股。與6月底、12月底的做帳行為相同。此外，擁有較大代操金額的投信，如果持股明細中出現與眾不同的看好股票，也應該特別關注，持續追蹤。

　　政府代操規模與新資金招標資訊，可以在政府網站找到。

　　勞保與國民年金：http://www.bli.gov.tw

　　勞工退休基金會：http://www.lpsc.gov.tw

　　退撫基金：http：www.fund.gov.tw

　　PS：郵政儲金目前並無委外代操。

第三篇
外資籌碼篇

別高估外資！
外資的靠山是無止境的資金與時間，而非神準。

外資是甚麼人？

證交所的統計中，會被歸類成「外資」身分的其實有很多種，依「華僑及外國人投資證券管理辦法」及「大陸地區投資人來臺從事證券投資及期貨交易管理辦法」辦理登記之投資人，就是外資。如果台灣人到免稅天堂設立境外公司，再以公司名義買賣台股，就會被算入外資身分。外國機構來台設立子公司，也算外資，能擁有外資身分的資金有非常多種，投資的思維也非常分歧，因此難以像投信一樣用單一邏輯去判斷外資想法。

目前台股部位中有超過 6 兆元的資產屬於外資，占台股市值超過 30％，其中能明確辨別身分的都是法人，主要是大股東與外國機構投資人。

日月光的董事長在香港設立微電子國際公司，持有 30％股權，這就會被統計成外資，實際上等同董事長自己的持股。統計中外資持有日月光 65％股權，實際上至少有 30％並不是真正由外國人持有。由於稅率的考量，有大量的公司以外資名義持有台股，比重不明，扣除掉

這些「假外資」，實際上外國投資人持有台股的數量比一般人認知的少很多。

1. 大股東

日月光董監持股

年度	月份	姓名	身分別	本月實際持有股數	設質股數	設質比例（％）
2012	06	香港商微電子國際公司	董事長本人	1,164,333,431	240,471,522	0.00%
2012	06	張虔生	董事長之法人代表人	70,565,136	0	0.00%
2012	06	張洪本	副董事長本人	90,075,058	0	0.00%
2012	06	香港商微電子國際公司	董事本人	0	0	0.00%
2012	06	吳田玉	董事之法人代表人	3,187,511	0	0.00%
2012	06	商港商微電子國際公司	董事本人	0	0	0.00%
2012	06	董宏思	董事之法人代表人	3,203,760		0.00%
2012	06	J&R Holding Ltd.	董事本人	40,972,453	0	0.00%
2012	06	羅瑞榮	董事之法人代表人	1,700,797	0	0.00%
2012	06	J&R Holding Ltd.	董事本人	0	0	0.00%
2012	06	陳昌益	董事之法人代表人	2,029,861	700,000	0.00%
2012	06	張能傑	董事本人	1,456,035	0	0.00%
2012	06	宏璟建設股份有限公司	監察人本人	75,085,219	69,331,000	0.00%

資料來源：公開資訊觀測站

2.ADR（美國存託憑證）持股

主要股東名單（台積電）

持股基準日：民國一○一年四月十四日

主要股東	持有股數	持有比率（%）
花旗託管台積電存託憑證專戶	5,459,243,328	21.06%
行政院國家發展基金管理會	1,653,709,980	6.38%
摩根大通託管沙烏地阿拉伯中央銀行投資專戶	780,300,816	3.01%
花旗（台灣）商業銀行受託保管新加坡政府投資專戶	479,543,730	1.85%
大通託管歐洲太平洋成長基金大衛費雪等專戶	408,265,136	1.58%
國泰人壽保險股份有限公司	265,922,235	1.03%
美商摩根大通託管阿布達比投資局投資專戶	260,925,529	1.01%
德商德意志銀行台北分行受託保管蘇格蘭皇家銀行託管 FS 太平洋領導基金投資專戶	266,137,807	0.87%
渣打託管 iShares MSCI 新興市場指數基金投資專戶	202,988,000	0.78%
英商渣打銀行託管富達基金投資專戶	196,665,573	0.76%

資料來源：台積電（2330）公開說明書

　　花旗託管的 545 萬張台積電，就是在美國發行 ADR 的專戶持股，這部分就占外資持有市值的 7%。只要台積電 ADR 價格高於台灣的收盤價，這些持股就不會回流。

3.ETF 持股

　　歐美目前 ETF 投資風潮非常興盛。MSCI（摩根史坦利資本國際公司）編製的新興市場指數，台股權重約占 11％。追蹤這個指數的 ETF：EEM（iShares MSCI Emerging Markets Indx）市值約 357 億美元，換算起來約有 1,200 億元資金投資台灣股票，台積電主要股東持股列表中有 20 萬張就是這檔 ETF 的持股。全球追蹤 MSCI 指數作被動投資的資金非常龐大，據法人估計超過 3.5 兆美元，其中台灣股市占總權重約 1.5％，換算起來約有 500 億美元（折合約新台幣 1.5 兆元）屬於 ETF 與相關的被動投資，占外資總持股 1/4。

　　ETF 持股的買賣，本身不包含任何看法。當全球投資人買入 ETF，管理 ETF 的經理人就會照指數權重作平均的買賣，只有每季（2、5、8、11 月）MSCI 調整成分股比重時，有可能出現個股大買大賣的情形。

　　以上三種持股，估計占外資總持股 1/2 以上。

　　真正有看法的外資有下列幾種：

1. **傳統長期持有的基金**：如加州退休基金，中東主權基金都屬於此類。在 2005 年之前，以長期投資為主的國

外基金，一直是外資最主要的力量。這些外資秉持著巴菲特的投資精神：「買進後長期持有，賺取配息收益」。過去只要是外資長期看好，並且持續買進的，股價表現都能領先大盤，出現數倍的漲勢。不過由於台灣的經濟成長明顯趨緩，許多成長更快的新興國家崛起，這類外資投資台股資金活水越來越少。

2. **對沖基金**：雖然無正式數據統計佐證，不過自從 2005 年之後，在台灣進出的外資行為明顯出現變化：出現大量的巨額短線進出，也有對應指數期貨的價差交易，這些都是對沖基金擅長了領域。由於台股現貨的部位只是對沖基金佈局的一部分而已，買進股票不一定等於看好。真正的賺錢目標可能是期貨、選擇權，或者台幣匯率，如果無法猜測對沖基金的行為，追蹤外資籌碼很容易產生誤判。

3. **國內公司派偽裝的假外資**：這是外資買賣超中最令人頭痛的交易，其中又分為：

(1)洋丙種：大股東以現金做保證金，或用股票質押，由券商（以海外子公司做進出）墊丙提供融資，並且代操拉抬特定公司股票。大股東必須給付墊丙利

息給券商，盈虧由大股東承擔。據推測，國內前五大券商多有涉獵，且獲利不少。當公司發行海外可轉債（ECB），或是全球存託憑證（GDR）時，大股東也可以透過相同方式作價差套利。

(2)**借殼基金**：券商或投資銀行會先透過境外公司，在海外發行基金，而上市公司再透過旗下子公司或自有資金買進持有，作為長期投資，從報表上來看，公司帳上多了一項海外基金的金額與淨值，但該基金實際上是為公司量身訂作，只是把基金冠上券商或投資銀行的行號，掩人耳目，所有相關的資金流向與股票進出都是由該公司自行決定，發行券商或投資銀行並不負責管理與操作風險。

由於外資實際的身分過於複雜，極難辨別。因此透過外資籌碼選股，效果遠遠不如參考投信籌碼，不過不論是對沖基金操作，或是 ETF 被動式投資，都與權值有極高的相關性。追蹤外資籌碼，對於大盤與期指的判斷，具有非常大的功效！

外資權值性操作

　　根據台灣央行報告，2008 年之後，疑似進駐台灣炒作外匯的熱錢一度高達 4,000 億元。這些資金如果以存款，或是購買短期債券的方式持有，就會被央行視為「不受歡迎的炒匯熱錢」。對沖基金為了規避監管，最簡單的方式是依權值比重買進台股，同時做空同樣市值規模的新加坡摩台指期貨。舉例來說：

　　　　買進 100 億元台股現貨＋放空 13,000 口摩台指
　　　　　　　　　　　　　　（合約市值約 100 億元）

　　這樣的佈局不論指數如何漲跌，兩邊部位加總都不會產生盈虧，真正的盈虧等於 100 億元的匯率漲跌。透過現股與期貨的組合交易持有台幣資產，從央行監管的角度來看，資金已投入股市，不算是熱錢。如果投資人看到外資買超屬於這類操作，誤以為外資開始看好台股，那就大錯特錯了。要判別這類對沖性質的交易，有幾個要訣：

1. **判別權值性操作**：外資較重視 MSCI 編制的指數，因此
   現貨要參考摩台指成分股（摩根史坦利就是 MSCI），
   期貨的重點是摩台指，而非國內交易的加權台指期貨。
   每日指數的權重可上 MSCI 官方網站（http://www.msci.
   com/eqb/custom_indices/tw_performance.html）。

   　　從摩台指成分股權重 Top20 中，選擇各類股外資持
   股比重相對偏低，企業出現獨特利多機率偏低的股票作
   為判斷參考標竿。分別是：

   (1)電子業：聯電。

   (2)金融業：國泰金。

   (3)傳統產業：南亞。

   　　理論上外資看好台股時，應該買進當時有利多的產業
   相關股票，而且應該買進當時有競爭利基的個股。對沖基
   金不需要辨別個股前景展望優劣，而且可能透過場外借券
   取得持股。如果買超廣泛分布在金融、電子、傳產三大領
   域，而且買超外資持股偏低的個股（比如說買超聯電數量
   比買超台積電多，買超南亞比買超台塑積極）。那就表示很
   可能是對沖基金出手做權值性操作，而非真正看好台股。

摩台指權值 Top20

英文	中文	權重 百分比	外資持股 比例
TAIWAN SEMICONDUCTOR MFG	台積電	18.09%	75.59%
HON HAI PRECISION IND CO	鴻海	6.83%	48.57%
CHUNGHWA TELECOM CO	中華電	3.13%	15.33%
FORMOSA PLASTIC CORP	台塑	3.02%	35.45%
CHINA STEEL CORP COMMON	中鋼	2.76%	13.24%
MEDIATEK INC	聯發科	2.51%	36.93%
NAN YA PLASTIC	南亞	2.47%	25.30%
FORMOSA CHEMICAL FIBERS	台化	2.30%	35.36%
HTC CORP	宏達電	1.85%	41.82%
UNI-PRESIDENT ENT.	統一	1.85%	50.34%
CATHAY FINANCIAL HLDS	國泰金	1.82%	15.59%
MEGA FINANCIAL HLDG(CTB)	兆豐金	1.74%	25.06%
ASUSTEK COMPUTER	華碩	1.72%	49.38%
CHINATRUST FINL HLDGS	中信金	1.67%	42.39%
DELTA ELECTRONICS	台達電	1.64%	70.79%
QUANTA COMPUTER	廣達	1.63%	37.97%
TAIWAN MOBILE	台灣大	1.61%	39.10%
FUBON FINANCIAL HOLDING	富邦金	1.56%	21.27%
UNITED MICROELECTRONICS	聯電	1.42%	45.59%
CHENG SHIN RUBBER IND	正新	1.24%	15.88%

資料來源：作者整理

1. **參考摩台指變化**：因為摩台指有許多優勢：不用繳稅、未平倉量較大、不用公布持有部位、歐美時段有電子盤交易、追蹤 MSCI 編制的指數。因此外資主要交易的是摩台指，而非台指期。投資人只能從價差變化中做揣測，無法得知真正的籌碼部位。當對沖基金買現貨空摩台指時，會讓摩台指逆價差增加，若是真正看好台股漲勢的買進力量，應該要造成摩台指正價差擴大。所以看到外資現貨買超，摩台指逆價差反而擴大，且期指未平倉量增加時，應該就是對沖基金在佈局。

2. **台幣走勢**：對沖基金與傳統基金思維最大的不同在於，對沖基金會非常精細的設計如何獲利了結撤退。傳統基金因為目的是長期持有享受配息，只需專注選股即可。對沖基金真正的目的，大多是賺取匯率價差，而非炒股。由於台灣央行傾向於阻止匯率升值，減少對出口產業與壽險業的衝擊，因此對沖基金想賺取匯率升值的利益比較困難，在匯率貶值時大撈一票才是上策！

　　對沖基金在佈局階段，會買進現股、做空期貨，累積台幣資產部位，並且用 NDF 與外匯選擇權做空台幣，這時台幣就不會出現升值傾向（傳統型基金買超台股時，會同步將資金匯入，造成台幣升值，而且成交量放大）。當整個亞洲新興市場呈現資金流出時，對沖基金就會連續大量拋售現股，並且匯出資金造成台幣貶值。由於期貨空單與衍生性商品做空台幣的部位，只需要到期結算就能變現。因此不需要在市場反向平倉（空單平倉＝買進＝造成價格上漲，會減少獲利），而且央行對於台幣貶值，不會積極干預，因此即使對沖基金部位有上千億的部位，也能在短短兩三天內全勝而退。如果 100 億美元（約新台幣 3,000 億元）的資金，想透過操作台指期貨，需要買賣 20 萬口。操作台積電需要買賣 350 萬張，實務上根本不可行，只有外匯與相關的衍生性商品交易，才可能容納熱錢龐大的部位。

　　當外資出現金額較大的買賣超，但台幣卻沒有對應升貶與交易量放大時，就可能是對沖基金的傑作！

　　當外資在執行權值性操作時，對行情的看法不會有慣性。今天大買超，可能明天就轉為賣超。行情可能是

進入複雜盤整期，而非即將起漲，甚至可能是對沖基金準備狙擊做空的前兆。如果不謹慎分辨，看到外資買超就以為台股將大漲，可能會遭受重創！

傳統型外資的思維

傳統正規長線投資的外資，買賣邏輯就十分單純。看好就是持續買進，看壞就是連續賣超。辨認外資長期加碼買進的好股票，是許多投資人的夢想，只不過真實的情況與投資人的認知有巨大落差：

1. **外資不會關注所有台股，MSCI 成分股是重點** ：對外資而言，台股只是資產配置的一部分。要研究 1,500 檔股票曠日廢時，就像台灣人如果要投資西班牙，可能只認識知名品牌 Zara，或是西班牙股價指數成份股。台灣基金經理人投資巴西，因為語言、時差、風俗隔閡，要獲取內線資訊，找尋神奇轉機股幾乎不可能。外資投資台股時，也有相同的障礙。因此，外資經理

人與研究團隊最可能只深入評估 MSCI 成分股未來的展望。當外資買賣超統計中突然交易非 MSCI 成分股時，有可能是假外資進場炒作。不過如果是在 2、5、8、11 月 MSCI 成分股調整前，外資買屬於台股中型 100 成分股，但不屬於 MSCI 成分股的個股時，就可能是入選 MSCI 成分股的內線買盤，反而值得追價買進。

2. **外資持股增減緩慢**：從下表可以知道，外資持股增加速度並不會有極端變化，持股可連續 2、3 年，持股比例變動不到 5％。而且從持股變化中，幾乎無法分辨股價會漲會跌。2000 年至今，台積電與聯電持股都不斷增加，但聯電股價剩 2000 年時的 1/5。台積電雖然股價也遠低於 2000 年的 200 元天價，但還原除權除息值，已創歷史新高。

台達電 2001 至 2002 年外資持股比重暴增 4 倍時期，股價實際上是大跌與沉悶橫盤。華邦電從 30 元跌到 4 元，外資不但沒賣出，還小幅增加持股！

2000 年至今外資持股變化表

日期	聯電	台積電	鴻海	台達電	國巨	碧悠	華邦電	國際重大事件
2000/01/05	14.60%	20.32%	27.31%	3.62%	5.62%	14.16%	6.15%	
2001/01/05	12.42%	25.46%	28.19%	13.27%	18.25%	5.33%	13.05%	
2002/01/04	23.97%	30.91%	32.56%	20.96%	34.62%	5.55%	10.18%	網路泡沫大跌
2003/01/06	34.44%	51.33%	41.75%	45.79%	26.88%	4.99%	7.94%	Sars
2004/01/05	36.85%	54.55%	51.57%	51.32%	34.42%	5.77%	10.86%	股市復甦回升
2005/01/05	26.78%	57.95%	54.53%	57.34%	35.28%	3.31%	3.35%	
2006/01/05	37.21%	76.02%	58.56%	66.77%	48.01%	0.71%	11.32%	
2007/01/05	44.51%	75.30%	60.68%	72.29%	48.20%	0.52%	12.94%	
2008/01/04	43.72%	71.73%	56.17%	73.45%	42.72%	下市	10.82%	
2009/01/05	43.20%	71.79%	45.40%	67.50%	36.50%		11.53%	金融海嘯大跌
2010/01/05	47.11%	73.95%	54.56%	72.06%	45.71%		12.51%	
2011/01/05	40.64%	73.23%	50.91%	78.04%	42.74%		14.35%	
2012/01/05	41.16%	74.98%	46.34%	67.31%	52.11%		14.42%	

▓ 減幅大於 5%
▒ 增幅大於 10%

資料來源：作者整理

外資大買超時期台達電走勢圖

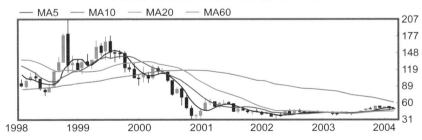

— MA5　— MA10　— MA20　— MA60

資料來源：證交所

　　從這些案例都可以知道，外資對台股的投資選擇，根本稱不上精確。外資個股的操作上，不但沒有坑殺散戶的高超能耐，甚至連汰弱擇強都不算成功！外資在台股主要的巨大獲益，來自於長期投資，連續多年不間斷的買進當時獲利成長的大型企業。透過指數型投資的法則，自然累積好股票的持股規模。

　　相較之下，一般散戶主要的虧損來自於頻繁交易產生的手續費與稅金損耗。因此企圖透過外資買賣，找尋短線與波段操作的投資標的，有可能是緣木求魚，甚至有反效果。

3. 外資的強項是果斷與影響力巨大，而非洞逐先機

　　2003 年之前，台積電與聯電的股價大約都以 2：1 的股價比例同步上下波動。不過歷經了網路泡沫科技產業慘淡時期後，聯電越來越重視轉投資，而台積電則是專注本業技術研發，因此，在 0.13 微米的製程競爭中聯電落後了 1 年，而 2004 年全球經濟在美國領軍下開始復甦時，外資雖然小幅加碼台積電，卻在接近歷史最低價時拋售 10％聯電持股。這個變化造成了聯電在後續 3 年完全

橫盤，但台積電緩慢增值 20％，兩者股價比變成 1：3。
再經過 2008 年金融海嘯洗禮，兩者股價差距持續擴大。

　　外資在經濟增長時期，仍然低價大量拋售的股票，
有可能是產業競爭中的落敗者。投資人應該警戒，勿隨
意逢低承接。

4. 外資善長於區域性投資比較：

　　對外資而言，台灣只是亞洲新興市場的一部分。從
區域的角度來看，同質性的公司誰有優勢，資金就會進
駐。中鋼是台灣最大最績優的鋼鐵產業龍頭，不過在亞
洲，獲利與本益比可能輸韓國鋼廠，規模更遠遠不及中國
大型國有鋼企，因此投資價值一點也不突出。以台灣市場
為主的金融與保險業，在外資眼光中，會跟香港上市的金
融股比價，所以在觀察外資台股進出變化時，如果沒有輔
以國際股市變動，只看基本面消息時，往往會一頭霧水。

　　由於外資以長期投資與全球分散投資的視野看待台
股。因此即使已經剝離對沖基金權值性操作，追蹤外資買
賣超對波段操作的選股幫助依然有限。實務操作上以外資

買賣搭配投信選股，運用「投信交易：增持與高原期」章
節所述，計算流通籌碼作為選股原則，最能獲得理想成效。

不要相信媒體描繪的長期投資美好故事

外資過去 20 年在台股投資成果豐碩，台積電、台達
電等績優股不但股價已增值數倍，而且每年還能享受上
千億台幣的配息收益。報章雜誌與財經媒體也不斷的報
導素人，平民股神如何靠長期投資好股票致富。很不幸
的，當投資人自己親自進場執行投資時，卻會發現真實
情況完全不是這麼一回事！長期投資包含了巨大的「機
率與運氣」成份在內！

存活者偏差（survivorship bias）造成的投資陷阱

第二次世界大戰期間，英國皇家空軍的作戰指揮
官曾經向美國哥倫比亞大學著名的統計學家沃德教授
（Abraham Wald）委託分析，「德國地面砲火擊中聯軍轟
炸機的資料，並且以統計專業，建議機體裝甲應該如何加

強，才能降低被砲火擊落的機會。」沃德將聯軍轟炸機的彈著點資料，描繪比對後發現，機翼是最容易被擊中的部位，而飛行員的座艙與機尾，則是最少被擊中的部位。

負責該專案的作戰指揮官說，「沃德教授的研究清楚地顯示，聯軍轟炸機的機翼，彈孔密密麻麻，最容易中彈。因此，我們應該加強機翼的裝甲。」沃德卻說，「將軍，我尊敬你在飛行上的專業，但我有完全不同的看法，我建議加強飛行員座艙與機尾發動機部位的裝甲，因為那兒最少發現彈孔。」在全場錯愕中，沃德解釋說，「我所分析的樣本中，只包含順利返回基地的轟炸機。從統計的觀點來看，我認為被多次擊中機翼的轟炸機，似乎還是能夠安全返航。而飛機很少發現彈著點的部位，並非真的不會中彈，而是一旦中彈，根本就無法返航。」

英國最後決定接受沃德的建議，立刻加強駕駛艙與機尾發動機的防禦裝甲。不久之後，聯軍轟炸機被擊落的比例，果然顯著降低。英國軍方動用了敵後工作人員，蒐集了部分墜毀在德國境內的聯軍飛機殘骸。他們中彈的部位，果真如沃德所預料，主要集中在駕駛艙與發動機的位置。

死掉或被俘的人無法發表意見，看不見的彈痕最致命！在金融領域人人都愛聽贏家的故事，爭相傳頌。媒體如果抓住這種人性撰寫文章，製作節目報導會大發利市，但如果投資上用這個原則結果會是災難！

外資靠指數型投資自然法則。外資在 2000 年時對台達電與國巨這兩檔電子業重要零組件企業投資比重差異不大。但是隨著股價、股本，與配息差異拉大，投資台達電比重自然越來越高：

· 2012 年台達電股本 240 億元，股價 100 元，配息 3.5 元：外資增持 1％股權＝ 2.4 萬張＝買超新台幣 24 億元。每 10％持股配息收益＝ 8.3 億元，配息再投資約可以轉換為 0.34％股權。

· 2012 年國巨股本 220 億元，股價 9 元，配息 0 元：外資增持 1％股權＝ 2.2 萬張＝買超 2 億元。配息再投資＝ 0。

外資如果自己拿錢出來加碼。股票不分好壞同時等比例加碼，績優的台達電實際加碼金額會是國巨的 11

倍。若單純只是拿配息再投資，那好公司的持股比重增加速度會遠遠超過爛公司。外資根本不需要選股，就能自然讓手中好公司的投資比重增加。

　　一般投資人模仿外資長期投資大型權值股或是穩健的企業是否就能得到相同的投資效果？答案是「永遠不可能！」關鍵在於，外資可以持續進場投資的資金無限多！2002 年投資華邦電數 10 億元，結果股價腰斬慘賠怎麼辦？外資只需要隔年再拿出更多的資金投入下一檔看好的股票即可，但是一般投資人辦不到，散戶不會有源源不絕的資金。每一筆的投資可能都是投入多年的儲蓄，如果手中永遠持有高比例的現金部位，那總資產的投資報酬率就會大幅下降！想想看：

　　假如一個年輕人月入新台幣 30,000 元，扣掉生活開支後儲蓄 10,000 元，其中 2,000 元投入保險，2,000 元放定存因應特殊目的開銷，剩下 6,000 元全數投入台股做外資式的投資。按照外資持股 1/4 買進台積電長期持有，一年累績下來 18,000 元約可以買 250 股，隔年可以收到的配息約 700 元。如果持之以恆，假如 10 年配息不變，股息可以賺 40,000 元。夠出國旅遊一次，或者補一顆嘴巴中的蛀牙！

　　上述已經是非常積極投資，而且選到台股最績優的公司。如果不幸 10 年中生了一場大病，或者丟了工作，撞車多出一筆賠償費，投資就化為烏有。假如加入一點點自己的選股意見，不小心選到太電（曾經是台灣大最大股東，母憑子貴的明星股），茂德（少數擁有 12 吋晶圓廠的台灣 Dram 領先業者），投資下場就更慘。

　　只要全球有通貨膨脹與經濟成長，外資就能從新投資人手中不斷招攬資金做投資，只要金融危機與股市崩盤稍歇，就會再度有資金申購基金，讓法人可以執行長期投資。全球最偉大的投資人巴菲特，同樣擁有這種無限資金來源的法人特權，極低成本的波克夏保險浮存金（Float），因此可以無止境的選股投入新資金，無需考慮換股與頻繁的資金支出壓力。

　　一般投資人在有限資金的制約下，存活者偏差的惡性效果會被強化！

　　報章雜誌善長的事後諸葛式吹捧贏家，與報導樂透得主的故事沒有太大差別，**媒體幾乎每一年都能找出新任股神大肆讚揚**。訪問長期投資致富的人，播放退休人士爽爽躺在海灘渡假的畫面，投資人就乖乖把錢掏出來

了。即使媒體與投信講的案例都是真的，也不等於比照辦理的投資人能賺到錢。

　　篩選出長期投資的理想標的遠比想像中困難！媒體幾乎不會報導長期投資失敗的案例。2000 年時，手機銷售進入爆炸式成長時期，當年最被看好的領導企業是明電（2352）與大霸電（5304），前者歷經了巨虧，後者則爆發掏空案，之後皆改名掙扎求生。2009 年的股王宏達電，在 10 年前，主力產品是幫歐美大廠代工微軟作業系統的 PDA（Personal Digital Assistant）。當時 PDA 領域的霸主是 Palm 系統，Windows 手持裝置一直苦苦追趕。當年最被看好的是 Palm 的 PDA 面板供應廠碧悠（2333），專家指出不論最終消費者選擇用哪一家 PDA，最大的面板供應商都會收漁翁之利。但經過 5 年時光，PDA 完全被市場淘汰，碧悠慘淡下市。

　　2003 年時投信已經在吹捧「中國收成股」的美好遠景。只不過當時最被看好的是寶成（9904），現在已鮮少被提及。2011 年投信法人吹捧的中國收成股：味全在當年是著名的主力「阿丁」坑殺散戶的危險投機股。2006 年最常在媒體報導致富故事中被提到的中鋼，在 2000 年

時是媒體人人喊打的政府酬庸股。當年中鋼董事長郭炎土在任期一年半期間，中鋼股價從 13 元漲到 30 元，則是買進中鋼獲利最豐碩的時期。2010 年之後，長期投資大賺錢的故事中，已經看不到中鋼的蹤影了。

　　買基金，還是無法擺脫存活者偏差造成的困境。投資人可以自行檢視台灣可買賣的所有基金，發行時間超過 5 年以上的不到 40％。事實上，2003 年時這數據比例與 2012 年差不多。這表示基金下市與清算的比例遠遠超過一般人想像！投信業者最愛描述「長期投資複利效果，30 年後享受數千萬退休金快意人生」以基金存活的比例來看，根本就是史上最惡劣的合法詐騙。

　　早期投信業者將「隨時買、隨便買、不要賣」奉為投資圭臬。這個理念在 2001 年網路泡沫中被徹底擊潰，投資人損失慘重。之後出現類似原則的變型法則：「定時定額」，近年來再度加入了「善用 ETF 投資」這個原則。不過建議 ETF 投資的專家們，絕口不提日本投資的案例，彷彿地球上根本不存在日本股市似的。很不幸的，自從 ETF 投資興起後不到 5 年，2008 年全球發生金融海嘯，主要國家利率都接近零利率，全球總體經濟的

展望，與 15 年前的日本相似度越來越高。ETF 投資是否能經得起時間考驗？很難評斷。不過可以確認的是，如果 ETF 投資與「隨時買隨便買不要賣」同樣是個失敗的法則，10 年後答案揭曉時，受創的投資人也已經失去人生黃金時期累續的財富，無力翻身。至於媒體與金融業者，只需要找出下一個吸引人的說詞，繼續塑造新的長期投資股神故事，照樣銷售暢旺、業績興隆。

真實的投資世界就是這麼殘酷。長期投資真正最大的風險就是：每個人都只有一次 30 年的青壯時期，無法 reset 重來。要確保長期投資不會遭受重創，需要在資產配置上作到澈底的分散，不但不能集中到單一個股，連投資國家都要分散。甚至還要作到股、匯、債的商品平衡配置。因此投資金額不夠充足時，追求安全就會變成看不到投資成果的長期艱熬。集中部位，追求利潤就需要承擔投資生涯徹底慘敗的可能性。

折衷的辦法是，花比別人更多的精神與心力收集資訊，提高自己選擇投資標的與時機的勝率。想辦法讓自己能在較短的時間內（波段投資以 1 至 18 個月較佳），獲取超額報酬。

借券交易

自 2006 年起，證交所開放交易借券業務，讓國內外法人可以透過現股借券做放空，或是滿足各類衍生性商品套利與交割需求，借券的規模急速增加。2011 年底，借券張數已經高達 400 萬張，是當時融券規模 60 萬張的6.7 倍。由於 2011 大選前台股行情低迷，金管會一度透過道德勸說，讓借券規模驟減至 300 萬張，不過之後借券賣出總額一直常態維持在 350 萬張以上。

2011 年底借券張數排行表

（單位：張數）

證券代號	證券名稱	融券	借券	收盤價	借券張數	借券金額
2002	中鋼	13,890,000	456,702,447	29.15	456,702	13,312,876,330
2303	聯電	7,954,000	357,338,315	12.6	357,338	4,502,462,769
2409	友達	13,191,000	202,018,752	14.1	202,019	2,848,464,403
2330	台積電	8,131,000	131,289,196	73.6	131,289	9,662,884,826
2384	勝華	21,524,000	129,071,188	21.75	129,071	2,807,298,339
2353	宏碁	10,156,000	128,207,001	33.4	128,207	4,282,113,833
2888	新光金	551,000	118,714,825	8.16	118,715	968,712,972
2882	國泰金	4,459,000	112,505,539	31.5	112,506	3,543,924,479
2892	第一金	1,068,000	83,511,016	17.5	83,511	1,461,442,780
6116	彩晶	0	80,020,000	1.63	80,020	130,432,600
2317	鴻海	7,256,000	78,439,564	79.3	78,440	6,220,257,425

資料來源：作者整理

MSCI 權重 VS 借券金額比對表

（單位：MSCI 權重排序）

代碼	股名	借券張數	借券金額	金額比重
2330	台積電	131,289	9,662,884,826	6.40%
6505	台塑化	16,349	1,558,049,598	1.03%
2317	鴻海	78,440	6,220,257,425	4.12%
2412	中華電	7,556	752,556,286	0.50%
1301	台塑	10,620	865,561,052	0.57%
1303	南亞	4,256	239,609,929	0.16%
1326	台化	5,455	423,825,295	0.28%
2002	中鋼	456,702	13,312,876,330	8.82%
2498	宏達電	36,949	18,252,650,390	12.09%
2454	聯發科	48,382	13,667,995,513	9.05%
2882	國泰金	112,506	3,543,924,479	2.35%

資料來源：作者整理

　　由於借券的僅限法人，一般自然人身分不能參與，
而國內投信與保險業者並無做空的需求，因此多數人一
直認為借券很可能是外資對沖基金做空台股的重要手
段。不過仔細比對資料後，真相令人存疑。

　　2011 年 11 月底的資料顯示，借券張數最高的是中
鋼，高達 45 萬張，疑似權值性做空。不過若以 MSCI 權

值重新排列做空數據，就會發現幾乎與權值無關，其他兩檔高權值低持股的股票「南亞與國泰金」，也沒有借券大增的現象。比對中鋼借券驟減 VS 外資買賣超資料，會發現在中鋼的案例中非常穩合（還券必須在交易日 T ＋ 2 日後交割才能執行，因此買賣會提前兩天）。

借券增減 VS 外資買賣超日期比對

中鋼借券	借券餘額	增減張數	外資買賣超
11/23	448737	3196	-21453
11/24	452571	3834	-5
11/25	457940	5369	111231
11/28	456702	-1238	26809
11/29	347812	-108890	41762
11/30	317542	-30270	9746
12/01	275808	-41734	19673
12/02	276581	773	5479
12/05	272809	-3772	3083
12/06	253690	-19119	-7068

資料來源：作者整理

　　再比對還券暴增的 2011 年 11 月 29 日所有資料，會發現只有部分高金額權值股吻合，也與權值比重，借券餘額排行榜幾乎無關，權重最高的台積電還券張數竟然是「0」！

　　台灣借券的規定與融券有很大的不同，借券無平盤以下不能做空的規定，也不會因為股東會或是除權息被迫強制回補。不過借券數量仍受到股本 25％總額的限制，而當出借人要求還券時，借券者就需要提前回補。2011 年 11 月底台灣金管會主要勸說國內的銀行與保險業者提出還券需求，但外資真正需要還券的只有中鋼，這表示外資若有透過借券作權值性放空，必定有大量直接向長期持有做多的其他外資場外借券的行為，並無向證交所申報。由於外資中鋼持股比例偏低，直接向其他外資調借中鋼股票不易，因此才會使用台灣的借券機制。

　　若從金額排行榜與半年後的走勢來看，只能說單一個股借券集中程度非常大膽，至於績效與勝率並不突出！

借券金額 VS 股價變動比較表

代號	股票	金額	2012/8/10 張數	2012/1/16 張數	MSCI 權重	1~8 月 增減	外資 買賣超	股價 變動
2454	聯發科	15,046,739,752	52,981	61,214	2.46%	-13%	21,236	9.20%
2498	宏達電	12,746,237,760	51,396	32,224	1.60%	50%	-127,076	-49%
2002	中鋼	10,393,228,216	387,807	261,473	2.73%	48%	141,333	-6%
2357	華碩	5,562,781,380	20,155	20,148	1.66%	0%	41,449	24%
2353	宏碁	5,387,247,797	201,392	105,015	0.60%	92%	14,644	-23%
2330	台積電	5,107,735,966	62,289	45,840	17.95%	36%		8.90%
2474	可成	4,843,294,391	32,397	27,604	0.75%	17%		-5.70%

資料來源：作者整理

這些高借券餘額的股票，與外資權值性操作無關，而是可能真正的看壞後勢。不過以勝華為例，80％股權散佈在一般自然人手上，法人能借出的券源稀少。要大量借券賣出的投資人，完全無需顧忌發生中鋼類似的強迫還券情節，相當矛盾。這種借券放空的作手，很可能就是提供券源的公司派董監大股東本人，而非外資。

借券交易，很可能已經成為大股東規避監管的巨大漏洞！根據證交法規定，董監事、經理人、大股東賣出股票，必須先申報轉讓。讓一般投資人知曉，在現行的借券機制下，董監大股東只需要將手中持股辦理借券，

再設立投資公司或者以假外資的名義借券賣出，名義上依然持有股票，但實際上淨部位已經拋售一空。透過借券與人頭戶交易，巧妙規避了董監持股賣出必須申報的規定，完全合法，而且無法可管！如果有更惡劣的公司派人士，可以用鉅額配對交易，公開從特定帳戶買入股票。帳面申報不斷加碼自家股票，實際上只是左手換右手的轉帳，再透過借券偷偷拋售持股。即使股價腰斬，也不會產生一毛錢虧損。

台灣國內投信擁有 3,500 億元的股票型基金部位，多頭時期，單一個股持股高峰也不過是 130 億元左右。但是以市值計算，借券最多的股票竟然被做空 150 億元。有此膽識，又無懼任何強迫回補壓力，除了資金更雄厚的外資對沖基金以外，應該只有公司派有此能耐！從追蹤過去台股借券餘額增減來看，公司派比外資更可能是特定股票的借券大戶。透過借券賣出套現，目前完全不會有信用瑕疵與法律問題，只有不明就理的投資人承擔最後的苦果！

目前市場對於借券交易的研究十分稀少，如果能仔細追蹤分析，辨別外資與公司派借券做空的差異，將會成為找尋做空標的極重要的參考線索。

正確看待外資

外資對個股的評等實質意義不大

　　國內投資人所接觸的外資資訊有兩種：一是每日證交所公布的外資買賣統計；另一項是媒體報導中的外資專家看法，實際上這兩者不一定有關！

　　大部分外資機構在台灣會設立負責買賣下單的證券子公司，並且設立投資顧問公司。外資投顧主要工作是對國內媒體發表投資評論，有些還會有推廣集團投資商品的任務。但真正外資客戶下單參考的是外資總公司研究單位所做的建議。外資圈只有少數如陸行之、夏鮑文等重量級分析師，才對股價與客戶具有真正影響力。

　　從以下這份統計可以看出。單一外資對股票評等的變動，幾乎不會左右外資客戶進出，也沒有先上外資上車再放消息的現象。平日調整股票看多看空評等的分析師，顯然不受握有資金的下單客戶重視！

外資評等變動 VS 外資買賣比對表

日期	證券代號	證券名稱	升降	券商	評等券商			全體外資		
					前5日	當日	後5日	前5日	當日	後5日
2012/01/09	8069	元太	降級	高盛	-1834	-1290	-2557	-12654	-9100	-11485
2012/01/09	2379	瑞昱	升級	UBS	0	0	0	2159	167	1603
2012/01/09	1101	台泥	降級	摩根	-1801	-2090	0	-4655	83	10366
2012/01/12	2382	廣達	降級	德意志	837	0	0	1744	582	2329
2012/02/16	2474	可成	降級	美林	974	0	-2507	11113	-1813	-9513
2012/03/26	2474	可成	降級	摩根	0	-169	-2238	-2940	-5372	-2284
2012/04/02	1301	台塑	升級	里昂	-1532	0	324	-11542	-1994	-15087

資料來源：作者整理

　　依照台灣產業在全球的重要性來看。半導體與組裝代工製造領域具有領先性。台積電、鴻海等全球排名第一的大企業一舉一動，甚至可能影響到歐美企業與整個產業未來的展望。外資最頂尖的分析師，研究範圍也集中在這些產業上因此相關的分析評論可信度也較高。不過其他產業就不一定了，公司規模較小的企業。消息的掌控較為鬆散，國內法人憑藉人力數量優勢，更可能透過拉關系，頻繁互動取得領先資訊。外資的專業分析能力與國際視野反而派不上用場。

外資進出券商分布

2012 年外資券商市場率排名

06/12	Amount（NTD）	%
瑞士信貸	100,293,792,990	3.372
台灣摩根士丹利	93,271,196,080	3.136
瑞銀	72,221,992,541	2.428
高盛亞洲	65,844,767,979	2.214
美林	64,360,100,330	2.164
港商德意志	52,792,796,614	1.775
摩根大通	50,379,488,137	1.694
港商麥格理	44,037,057,158	1.481
花旗環球	42,967,205,677	1.445
港商里昂	41,881,216,931	1.408

資料來源：作者整理

　　過去全球金融龍頭都是華爾街投資銀行，這些外資（美系外資）除了有退休基金交易的委託以外，還有較大的自營資金部位，因此美林、摩根一直是早期台股交易量最大的外資券商。不過近年來歐系外資交易金額不斷增加，很可能是因為香港設點的對沖基金大舉進入台灣股市造成的。依照過去經驗，高盛、德意志，與摩根

大通是操作期貨與現貨套利交易外資最常下單的券商。
當這幾家大買權值股時，要特別關注摩台指價差是否有
逆向的變化（如果有，就表示可能是套利交易而非看
好）。

外資的金融操作日新月異，不斷改變。每過一段時
間就會出現巨大改變，永遠用相同的規則看待外資買賣
數據，容易產生誤判。自從 2008 年金融海嘯之後，美國
人將大量退休金轉投入債券市場，投資海外的資金動能
減少，投資銀行自營資金操作也大幅改變。歐美近年來
高頻程式交易 High-frequency trading（HFT）迅速崛起，
2010 年已占美國股市交易量高達 56％，占歐洲股市交易
量 38％。如果未來這類交易模式進入台灣與其他新興市
場，判斷外資籌碼的法則將會被全盤推翻！

外資並不是台股漲跌過程中賺價差的常勝軍。從歷
史經驗得知，在股價最高點追買，或是最低點大量拋售
的，經常都是外資。這些外資的買賣，確確實實是在賠
錢！既沒有神祕坑殺散戶的意圖，也不是愜意從台股市
場提款，揚長而去。外資在台股巨額的獲利主要來自於
經年累月不斷買進績優大型企業，並且分享經營成果的

配息收益。而非精準的判定股價高低點。對沖基金的操作，真正目標可能瞄準台幣與新加坡摩台指部位。股市的買賣超並不能當作真正看好看壞的依據，投資人務必要修正「外來的和尚會唸經，外資錢多比較厲害」這種錯誤的認知，才能真正瞭解台股的脈動。

自營商權證避險操作

2000 年之前，綜合券商自營部門經常成為虧損主要來源，不論接單賺手續費的經紀部門，與承銷部門再怎麼努力賺錢。只要行情一出現大跌，短短幾個月自營虧損就抵銷所有獲利。因此近 10 年來，大多數的券商自營部門都轉型，以權證作為主要穩定獲利的手段。賣權證就跟保險公司賣保險一樣，權證的時間價值會逐日減少至歸零，只要沒有發生異常大漲大跌，券商就能穩定獲利。目前自營商發行了超過 5,000 檔以上的權證，每日自營部門有大量的交易是對權證作避險操作。

舉例說明：券商發行鴻海（2317）認購權證 10,000

張，履約價 100 元，行使比例 0.1，權證到期時間是 6 個月後。

　　假如鴻海在 6 個月內股價上漲超過 100 元，買入權證的投資人就會向券商申請用 100 元定價認購鴻海股票。總數為 10,000 張 ×0.1（行使比例）＝ 1,000 張鴻海現股。若券商手上完全沒有持股，那就必須用高價從市場買入，再以 100 元轉賣給投資人。鴻海漲越多，發行權證的券商賠越大。但如果券商早早買入 1,000 張鴻海，上漲時自然不會產生損失。但是若股價跌跌不休，權證投資人就會放棄認購現股，那券商自己就要承擔股價下跌的虧損。券商自營部門的工作，就是日根據股價變化動態調整手中持有現股的數量，這種動態避險永遠是追高殺低。但是不包含自己的看法。這對傳統台股分析產生兩種影響：

影響一，自營商買賣失去參考價值

　　權證避險操作與自營部門真正看好看壞的交易夾雜在一起，完全無法分辨。再加上自營商可動用資金遠比投信與外資小，因此自營商買賣超重要性大降，不能再用 10 年前的眼光作判斷。

影響二，大盤委買委賣完全失真

　　過去有許多投資人會從大盤委買／委賣張數與委買均張／委賣均張變化作為判斷大盤漲跌的依據，但這數據已被大量權證的委託汙染。目前每日呈現的數據中，超過60％都是自營部門為了保持權證流通性所掛的委託單，與行情變化完全無關！

台股大盤委買委賣分項統計

委託統計					
	1. 整體市場	2. 股票	3. 基金	4. 認購權證	5. 認售權證
總委買數量	7,752,930	2,539,718	68,832	3,748,059	1,383,248
總委買筆數	1,182,933	597,956	19,317	430,938	129,818
總委賣數量	6,328,902	2,542,651	66,751	2,902,487	982,131
總委賣筆數	1,141,257	562,330	19,759	435,854	118,747

每日認購認售委託量已大於股票
資料來源：證交所

　　自營商買賣超對選股的幫助效用極低。如果不打算買賣權證，直接放棄追蹤自營商籌碼，是最簡單的決策。

第四篇

主力／公司派籌碼篇

你一定要瞭解新世代主力，
別再用老掉牙的觀念做判斷。

誰是「主力」？

民國 79 年以前的台灣股票市場，曾經有許多赫赫有名，呼風喚雨的主力，最廣為人知的就是四大天王：雷伯龍（老雷）、游淮銀（阿不拉）、沈慶京（威京小沈）、邱明宏（榮安邱），喊水會結凍，任何股票被主力點名必定狂飆。不過自從民國 80 年政府開放外資後，主力影響力不斷下降。民國 85 年之後，第四台股票分析節目興起，譚清連、許弘明、山水等投顧老師成了炒作投機股的重要力量。不過歷經 2001 年科技股大崩盤後，主力作手大量陣亡，法人力量抬頭，傳統主力式微，台股市場生態早已丕變。

「主力籌碼」完全不可信！

由於整股委託下單限制最低 1 張，最高 499 張。主力如果要在極短時間內買入大量股票，造成股價急漲，每筆委託張數就應該會較大。因此，從個股交易資訊中，篩選出委託買賣張數大於 200 張，或是大於單日成

交張數千分之八的資料加總，就是各家券商機構與分析
軟體提供的「主力籌碼」。但在 2005 年後不同股票價格
差益擴大，5 元以下的水餃股大增，但高價股股價可以超
過 1,000 元。只要有 100 萬資金的普通投資人，也可能下
單時單筆買進水餃股 200 張，而高價股只要下單買金 50
張股票，就已經需要 5,000 萬元的資金。過去抓主力籌
碼的統計規則，現在統計出來不是與外資買賣重疊，就
是篩出一大堆投機水餃股。真正企圖操控股價的主力，
通通都知道只要使用電腦批次下單的功能，每筆委託 49
張，一次下單 100 筆，完全不會被發現！主力籌碼統計
完全失真！

早期的主力越來越傾向做短線當沖賺退佣

　　擁有數 10 億元資金操作的主力依然存在，不過操盤
的形式早已改變。由於公司股本越來越大，資訊流通速度
變快，主力要操縱股價，又要不引人注目，還要能順利賣
股出場難如登天，因此傳統主力傾向做短線交易，1 個月
交易金額 50 億元，只要買賣差額大於 0.6％，手續費退佣
1 個月就有 600 萬元，不用辛苦與法人對戰，也不怕被檢

調盯上。1 天交易額 3 億元，只需要當沖股價 500 元的高價股 300 張，抓 3 元價差即可。這樣的交易模式，對股價漲跌幾乎無影響力，在各類籌碼統計中也不易曝光。

媒體與分析師偏愛捏造「主力」的故事博取目光

　　虧錢的散戶以為股市是零和遊戲，自己賠的錢是被神祕大戶賺走。但是仔細追蹤外資與投信交易，會發現這些擁有上百億資金的法人似乎也沒賺到差價，因此直接**假設市場上有一批總是在賺錢的人，統稱為「主力」**。媒體與分析師也運用散戶這樣的心理情緒，用「主力」這名詞編寫各種故事，博取投資人眼光與點閱。這些陰謀推論，無法查證的謠言，散戶永遠特別有興趣，於是這個幻想出來的「主力」，在以訛傳訛，三人成虎的效應下，就成了股市分析評論中的主角。事實上，根據嚴謹的統計就可以發現，散戶最大的虧損來源是長期累計過多的手續費與稅金支出，而法人主要的獲利也不是來自精準的判斷，而是長期持股分享配股配息收益。投資人如果無法理解股市利益到底從何而來。一直在錯誤的認知中找答案，必然是緣木求魚，毫無效果。

新世代主力大多是公司派，隱身在外資與融資籌碼中

目前台股市場中，真正有操控股價意圖的新世代主力大多是公司派，或者與公司派交情好相互配合的大戶。為了提高操控股價的實力，新世代的主力習慣大量使用融資，或者化身為假外資。單純從外資籌碼與資券變化追蹤困難。公司派會有炒高股價的需求，大多是因為本業不賺錢，老闆才會想從股票市場撈些好處，其他行為極端的主力也只能炒作默默無聞的小股本爛股票。如前幾年的碩天、科風這類的炒股案，作手最後都無法全身而退，遭受檢調起訴或約談。

簡單講，主力股就是投機爛股票！與其幻想自己能在主力股中撈到好處，不如直接不碰主力股，讓自己完全避開被坑殺的可能性較佳。

假軋空與公司派炒作

公司派永遠希望自家的股票價格越高越好。不過經營績效普普的企業，股東與老闆也不能能長期買進推高

股價。會有短期炒高股價的需求，另一種可能性股權變動有關，最常見的是可轉換公司債（CB）轉換股票，與GDR 發行，或是現金增資。

可轉換公司債是可以在股票市場買賣的債券，面額100 元，一張等於 10 萬元。可轉債一般合約設定的條件是：票面利息等於零。如果持有至到期，可以向公司申請，贖回所有本金。不過大多有提前贖回的規定，如果持有 3 年或是 4 年時，可以用比票面價值略高（如 102元）的價格提前賣回給公司。此外，可轉債還會規定轉換股票條件：假設轉換價設定為 40 元。表示持有可轉債的投資人，可以隨時申請將債券轉換為 2.5 張的股票。當股價上漲時，投資人就能享受股價增值的利益，而股價下跌時，投資人可以透過賣回給公司，保障本金無虧損。

可轉債換股還有兩項投資人較陌生的條款：

1. **贖回重設條款**：可轉債到期前，公司可以做轉換價格重設，降低轉換價，讓持有可轉債的投資人轉換更多股票。

2. **強迫轉換條款**：當股價高於轉換價一定比例時（最常見的規定是高於 150％），公司有權力公告以票面價格

買回公司債，等同強迫投資人儘快將可轉債換成股票。

可轉債範例：瑞軒第三次無擔保轉換公司債

瑞軒三發行條件：票面利率 0％，發行期間 5 年，流通期間自民國 96 年 11 月 29 日至 101 年 11 月 29 日。99 年 12 月 31 日之轉換價格為新台幣 22.19 元。

提前賣回條款：轉換公司債以發行滿 3 年為賣回基準日，債券持有人得於賣回基準日起五個營業日內要求本公司以債券面額加計利息補償金（0.75％），將其所持有之本轉換公司債以現金贖回。

強迫轉換條款：本債券發行 1 個月翌日起至到期前 40 日止，若本公司普通股收盤價格連續 30 個營業日超過當時轉換價格達 50％者，本公司得於其後 30 個營業日內向債券持有人按債券面額以現金收回流通在外之本債券；或本債券發行 1 個月翌日起至到期前 40 日止，流通在外餘額低於原發行總額之 10％者，本公司得於任何時間向債券持有人按債券面額以現金收回流通在外之本債券。

轉換價調整記錄：瑞軒盈餘轉增資配發普通股 6,268,270 股（含員工紅利 998,141 股）及資本公積轉增資配發普通

股 14,103,608 股,依據瑞軒三發行及轉換辦法規定轉換
價格應予以調整,故自 100 年 8 月 31 日起,轉換價格由
22.19 元調整為 19.25 元。

到期前炒作股價造成轉換:

2012 年瑞軒股價走勢圖

資料來源:鉅亨網

2012 年瑞軒三價格變動

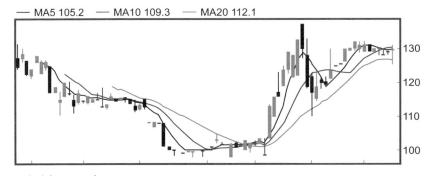

資料來源:鉅亨網

101 年 4 月新聞報導利多：新機上市帶動，瑞軒 3 月
合併營收跳升 50%。

實際營收變化：

項目	2012/07	2012/06	2012/05	2012/04	2012/03
本月合併營業收入淨額（千元）	4,700,067	5,623,779	5,047,984	4,512,343	6,027,446
去年同期合併營業收入淨額（千元）	3,006,346	3,436,936	3,404,892	3,522,648	5,479,751
本月合併營業收入增減額（千元）	1,693,721	2,186,843	1,643,092	989,695	547,695
本月增減百分比（%）	56.34	63.63	48.26	28.10	9.99
本年合併累計營業收入淨額（千元）	33,956,350	29,256,284	23,632,504	18,584,520	14,072,177
去年合併累計營業收入淨額（千元）	28,740,557	25,734,211	22,297,274	18,832,382	15,369,734
本年營收增減額（千元）	5,215,793	3,522,073	1,335,230	-307,862	-1,297,557
本年增減百分比（%）	18.15	16.39	5.99	-1.63	-8.44

瑞軒合併營收變化

資料來源：鉅亨網

對公司而言，可轉債還沒轉換前，在財務上屬於公
司的負債。負債越高，對公司的評價越不利，但如果轉換

成股票，等同增資發行新股，雖然會稀釋獲利與 EPS，且不會有償債現金支出的壓力。因此，每一家公司都非常希望投資人作換股，不要向公司申請贖回債券本金。

公司派大股東可能在可轉債發行前，定價期間拋售持股，一來籌措認購資金，又能壓低轉換價定價。之後，透過詢價圈購取得較高比例的認購權利。等可轉債閉鎖期結束後，放出利多消息，將股價拉高，就能透過換股獲利。不過如何拉高股價，又能用高價賣出持股，是巨大的難題。

大部分公司派自己並無足夠資金，只能操控放利多消息的時機，因此會與市場資金雄厚的大戶相互配合。與惡劣投信配合的就稱為交換單，投信經理人用基金的資金高價買股，公司派私下給予經理人紅利或其他好處。透過外資帳戶墊款炒股就稱為洋丙種。在股價拉升的後期，公司派與作手還會大量使用融資買股，同時用融券賣出鎖定價差。這時媒體與分析師看到股票融券／融資比例（簡稱為券資比）快速拉高，會以為融券慘賠，發生軋空現象。因此樂觀看多，這樣的軋空謠言，會吸引專業知識不足的散戶追價，讓公司派能更順利出

脫持股。等到可轉債換股完成，當初做空的部位只需現券償還，無須再從市場買進。

整套炒作的戲碼成功與否的關鍵在於：不能在拉高股價的過程中，吸納持有過多的股票。最理想的狀況是用滾量當沖的模式拉高股價（以下為假設範例說明）：

假設昨日收盤價 100 元

第一步驟：開盤前在多個特定價格大量掛賣出委託單：100.5、101、101.5、102 各掛賣出 500 張。

第二步驟：開盤後股價在 100 至 100.5 元狹幅震盪。這時向營業員取消 100.5 元的委賣，同時掛市價買進 500 張，這時可能股價急漲至 101 元。其中 200 張成交在 100.5 元，吃下其他人的賣單，300 張成交在 101 元，實際上是左手換右手，買入自己其他帳戶賣出的部位。這時這檔股票出現成交量急增上漲，必定有其他投資人受吸引進場追價。其他在開盤前在 101 元掛賣出的部位，就可能順利賣給散戶。這時操盤手實際上等於當沖 500 張股票，其中 200 張還賺到 0.5 元價差，股價順利推升到 101 元。

反覆用相同策略，就能逐步推高股價，但並不會大

幅增加持股。這樣的炒作手段，會造成盤中股價會有一次或兩次成交量急增上漲，剩下的時間內都是橫盤或盤跌。盤後的數據會出現資券互抵（當日沖銷）占成交量比重上升，而且融資餘額也會同步增加。滾量當沖的模式，操盤手未來不會有任何出貨賣股的需求。真正需要賣股票的公司派，已經在上漲過程中透過融券或借券賣出完成出脫。操盤手真正的利益來自於公司派私下給予的紅利。

那些看似被慘烈軋空賠一屁股的融券部位，實際上是公司派暢快獲利了結的痕跡！

當假軋空結束後，由於換股增資造成市場上流通的籌碼大增，這種股票未來極容易陷入漫無止境的跌勢，不斷破底。

除了可轉債以外，GDR（海外存託憑證）發行也是類似的情況。不過 GDR 有大量外資買賣參與，無法隱匿消息，因此可能只求增資順利，完全不顧股價。這點可用勝華 GDR 增資案為例：勝華（2384）在股價低迷中以每股 15 元、發行 1 億美元的 GDR，以 5 日收盤價 16.35 元計算，折價幅度 8.25％，募集資金 30 億元，等同增資發行 20 萬張股票。

勝華（2384）GRD 發行案

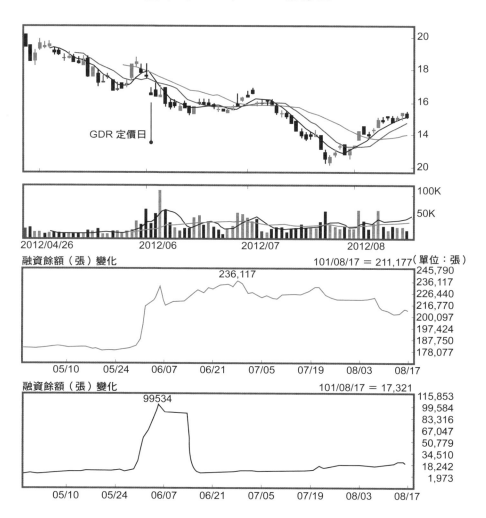

資料來源：Yahoo!（2012/08）

　　再以家登精密（3680）現金增資案來舉例：有時公司派可能完全透過放大量利多消息來影響股價，本身並不參與拉抬，因此股價漲勢十分短暫。事實上，透過報紙放消息是需要花錢的，此稱為「業配新聞」。這類利多新聞的特徵是：沒有明確的時間特性！每個月 10 日企業必須公布營收。這個時間點有營收相關報導是正常的，但月底出現營收大幅報導，就非常奇怪。全球第一座 18 吋晶圓廠預估 2017 至 2018 年才會完工，突然被拿來當利多題材，更為詭異。一般狀況，這類特定放出來的利多曝光的目的都是為了出貨，只要出現時就代表公司派炒作已接近尾聲，即將達到目的。

家登精密（3680）現金增資案

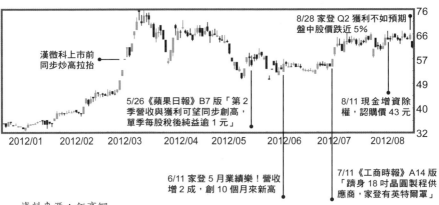

資料來源：鉅亨網

　　無論是何種方式的增資，用人頭戶融券賣出都是公司派絕佳的選擇。當投資人發現股票出現資券同步增加，券資比急增時，第一件事就是查閱過去 3 個月的個股新聞，或是從證交所的申報公告中確認是否有股權異動事宜。如果券資比上升與可轉債換股有關，將是極少數值得追價做多的炒作案例。轉換價 100 至 125％是較安全的追價區間，但只要接近轉換價 150％，再聽到任何的利多消息，都不該輕易相信。當媒體與分析師喊軋空時，炒作就已經接近尾聲。後續的走勢根本不會有任何主力出貨的線索，股價就能下跌。融券就是公司派出貨！公司派的持有成本，就等於轉換價。

大戶與散戶使用融資的習性差異

　　至今，媒體與分析師依然在教導投資人「使用融資融券的都是散戶，資券變化是行情的反指標」。事實上早已不是這麼一回事，大戶、公司派等投資老手遠比散戶更愛用融資融券。只不過使用習慣與一般散戶完全不同。

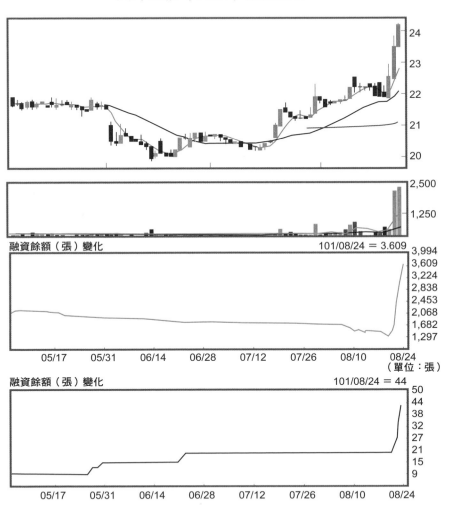

大洋塑膠（1321）融資炒作

融資餘額（張）變化　　　　　　　　　　101/08/24 ＝ 3.609

（單位：張）

融資餘額（張）變化　　　　　　　　　　101/08/24 ＝ 44

資料來源：Yahoo!（2012/08）

1. **大戶會突然大買名不見經傳的股票** ：先來看看這兩則
   新聞。

   ⑴ 2012 年 8 月 7 日《時報資訊》【業績－塑膠板】大
   洋 7 月營收為 4.21 億元，年減 3.31％。

   ⑵ 2012 年 8 月 7 日《中央社》【公告】大洋 2012 年 7
   月營收 4.208 億元，年增 -3.31％。

   幾個問題，大家可以想一想：

   其一，大洋是家甚麼樣的企業？大部分散戶一無所
   知。

   其二，除了例行性營收公告以外，大洋完全無其他
   媒體注意的消息。

   其三，三天內交易量 5,137 張，融資就增加了 3,214
   張，超過 60％。這是散戶敢做的交易決策嗎？

   這種異常的發展，就是公司派的與大戶的行為。

   過去主力大戶的交易會集中在小型高退佣的專業
   證券經紀商（俗稱主力券商，老闆就是交易量極大的主
   力），不過近年來一般綜合券商已經加入高退佣價格戰。

可成（2474）主跌段中資券餘額變化

融資餘額（張）變化　　　　　　　　101/08/24 = 48,751（單位：張）

融券餘額（張）變化　　　　　　　　101/08/24 = 31

資料來源：Yahoo!

因此從買賣券商分布已經無法找到線索。大戶交易的人頭戶，分散在不同券商也已經是常態，只有極少數傳統大戶仍會坐鎮在券商 VIP 室下單。現在用在家電子交易，程式管理多的人頭帳戶，早已非常普遍。

2. **散戶偏愛逢低承接，逢高空！操作標的是熱門績優股**：散戶總是以為下跌時買進就是價值投資，上漲時放空就是冷靜不盲目。因此績優股出現連續下跌時最容易吸引散戶用融資買進，而且資券不會同步上揚。可成屬於績優，媒體頻繁報導，廣受投資人注目的股票，上述可成案例中融資的增加就是典型的散戶傑作。請特別注意，散戶用融資逢低承接，不等於必敗！可成的案例中，第二波承接的融資，事實上是可以輕鬆獲利了結的。這也印證了本書一再強調的概念：「散戶的虧損大多來自於頻繁交易的手續費與稅金支出，而非看錯方向。」

法人現股市價買進 100 張與散戶融資市價買進 100 張股票，推升股價效果完全一模一樣。將個股的融資增

減視為判斷方向的反指標，非常不恰當。只不過散戶買超缺乏持續的力量，因此當法人與散戶操作完全相反時，散戶易敗。但是法人缺席，散戶卻認真買進時，股價仍可能止跌，只不過後續的反彈力道與幅度都不值得期待，行情易陷入盤整。

3. **大戶並不常做空**：傳統上，大戶很少因看壞股票而做空，股權變動或套利的需求屬於例外狀況。融資買進只需要有錢就可以操作，融券必須券商已有足夠融資餘額才會有券源，券資比過高時還可能被迫標借，每天付出額外的利息。每年還有兩次強制回補，限制頗為繁瑣。資金雄厚的大戶，會選擇放棄做空，或者在空頭行情中轉戰台指期貨。只要扣除增資假軋空與套利的案例，將融券增減視為散戶的看法與行為，比觀察融資更有效，不過散戶的看法仍然不是反指標。

股票市場並不是零和遊戲。指數大漲 1,000 點，可能只有 5% 的投資人進場買股票，但是所有持股的投資人帳面資產都會上升，這時市場可能人人都自以為是贏家。過去台股市場融券的市值，比例一向低於整體股

市 2％，根本不可能左右台股方向。股市下跌是多頭自相踐踏造成的，做空的空頭只是假想的代罪羔羊，融券也不會是股市殺盤下跌的兇手。

4. **瞭解散戶習性**：台灣的媒體、分析師，與投資人對散戶的刻板印象有太多的謬誤。散戶既不是反指標，也不是只知道盲目追高殺低的傢伙。從過去的統計數據中可以知道，在最高點追買，最低點瘋狂殺出的都是法人。散戶真正的缺點是：

(1)過度逆勢交易的傾向，只知道看價格漲跌做逢低買，逢高賣完全不在意基本面變化。

(2)有賺就跑，賠錢凹單，以自己的盈虧作為交易依據。

這兩個缺點本身都不包含任何對行情的看法。所以，即使抓出融資融券中真正屬於散戶交易的部分，也不足以用來作行情方向的參考。不過大盤整體資券變化仍值得重視，以下幾點可以參酌：

(1)**資增券增是行情偏多的訊號**：不論融資是大戶還是散戶在使用，都具有推動行情上漲的力量。假如融

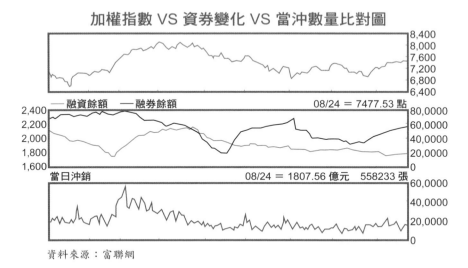

加權指數 VS 資券變化 VS 當沖數量比對圖

資料來源：富聯網

　　資增加，法人也在買進，表示行情處於主升段，人
人都是贏家。散戶賺得遠比法人少是因為反覆執行
「不貪心，有賺就跑」的策略，將大量獲利花費在
交易成本上。

(2)**下跌中融資增加是行情盤整的訊號**：用融資逢低承
接是散戶特有的行為模式。但是既然散戶敢買，就
表示市場的氣氛仍無重大恐懼，散戶手中現金依然
充足，行情最可能盤整亂戰。

(3)**資減券減是市場人氣退潮的徵兆**：資券同步減少，
是人氣退潮，資金離場的現象，行情處於沉悶盤跌

的格局中，不易急跌，反彈也不足以信任。

(4)**融資急速驟減（以單日減少 50 億元以上作為判斷標準）是短線止跌訊號：** 散戶在多數時間內不會果斷的賣出虧損的融資部位。當融資出現驟減時，表示市場已出現巨大明確的利空，股價也已經發生大跌。如果沒有更新的利空爆發時，法人會考慮短暫縮手不立刻拋售持股，讓市場情緒緩和反而更有利於未來賣出持股，使得指數容易出現反彈，但反彈結束後破底再創新低機率依然較高。

事實上，台股的融資餘額增減，與大盤指數走勢大致同步，轉折點略為落後。上漲時融資增多是因為開始進場的投資人變多，而且股價變高時融資金額也會變多。買一張 100 元的股票，會讓大盤融資餘額增加 6 萬元。當股價漲到 200 元時，買一張融資就增加 12 萬元。股價上漲的過程中，即使融資買進與賣出的張數完全相等，融資餘額依然會小幅增加。**因此，融資既無法當反指標，也無法對行情轉折提供線索，甚至作為散戶過度亢奮的證據也不值得採信。** 個股的資券餘額夾雜大戶與

公司派的炒作，判斷方向可信度更低，倒是異常的資券上漲，可以作為找尋公司派炒作的線索。融券餘額扣除增資鎖單等特殊目的的數量後，的確較可以作為散戶觀點的依據。融券餘額規模，只有融資的 1/6 或者更低，既無法打壓行情，散戶觀點也不該視為反指標，再加上特定時間強制回補規定造成的驟減現象，融券的參考價值比融資更低。

單純將融資增加視為買進的力量，搭配法人籌碼變化來判斷行情，並且放棄用融券增減作為判斷大盤的依據，是最合理的做法。

第五篇
建立正確的投資邏輯

洞悉人性陷阱，糾正似是而非的投資概念，
才能戰勝自己，邁向投資坦途。

投資該順勢還是逆勢？

　　每天的金融分析評論中，順勢追價論者與逆勢交易信徒永遠可以吵得面紅耳赤。這不是甚麼怪事，任何一個時間點，必然有人看多有人看空才可能成交。以價格變化作為判斷主軸的技術分析論者多空看法相左時，就會變成順勢逆勢之爭。

　　順勢交易就是追高殺低，順勢交易時必須承擔追價的風險。
　　高出低進就是逆勢交易，逆勢交易的代價是承擔行情不確定性的風險。
　　這些分析師閉口不談的風險，每一個投資人在下單時必定有強烈的感受！

　　順勢追價或是逆勢承接都是合理的投資策略之一，攤平與停損也一樣。兩者都是常用的投資策略，並無絕對的對錯。巴菲特在 2008 年金融海嘯最慘的第 4 季，曾經順

勢大幅停損手中的績優股嬌生（JNJ），索羅斯在金融海嘯時，反而加碼攤平已經虧損 35％以上的巴西石油（PBR）。

　　大部分專家都會強烈反對虧損時攤平操作，極力推崇嚴格停損。從巴菲特與索羅斯這些大師的實務交易記錄來看，這明顯是個錯誤的概念！投資人自己的盈虧明明不會影響投資標的未來的漲跌，為何應該拿來當作買賣決策的參考？事實上，嚴格執行停損，絕對不攤平是風險控管上的考量，應該與行情多空的方向判斷完全分割，不該混為一談。攤平容易變成錯誤的決策，主要是因為人們在虧損時，情緒上容易出現賭一把翻本的衝動。2002 年諾貝爾經濟學獎得主卡曼尼（kahneman）的研究，就是在闡述這方面的投資人性。如果投資人早已妥善做好投資規劃，本來就打算分批投入資金，攤平反而是降低持有成本的好決策，虧損時絕對不攤平反而會讓自己錯失買進良機。

　　股價下跌時，會有股票便宜，物超所值的想法。如果以股票價格當做投資分析主軸，自然容易落入誤判的陷阱當中。但如果以籌碼分析或產業前景作為分析主軸，陷入「賭輸博大」的錯誤情緒中機率低，攤平就可

能是好策略。

同樣的，虧損時是否該停損，也非絕對。停損的原始意義是讓投資人能有繼續執行下一筆投資決策的能力。所有的投資決策都不可能是 100％ 必勝，如果投資人永遠必須一筆交易定生死，就像連續的乘法中有零這個數字一樣，答案永遠是零。想要讓自己有多次出手投資的機會，與其每次都使用高槓桿，或是融資買滿，再要求自己嚴格執行停損，倒不如使用較低的槓桿，並且做好分散投資，讓自己不會陷入不停損就會賠光資產的窘境。真正的風險控管是進場投資時的規劃與配置，停損只是風控的一個小環節而已。

如果行情可能在短期內轉折方向改變，那停損就不一定是好主意。連續 3 次停損累積的虧損加上交易成本支出，很可能比不停損凹單更慘！**進場時做好資金規劃，讓自己大部分時間內都不會出現資金壓力。**這樣才能將心力專注於評估行情未來的發展，作為進出的參考。如果經常將分析與風控混雜在一起，做出錯誤決策的機率必然大增。

摒除上述的人性陷阱，與不該出現的資金壓力後，

投資人可以更自在的依據盤勢變化找尋順勢與逆勢交易最佳使用時機：

1. **輿論一片悲觀，指數也大幅下跌時（跟輿論同方向），該使用逆勢策略找做多標的。**

2. **輿論一片樂觀，指數也大幅上漲時（跟輿論同方向），該使用逆勢策略找做空標的。**

3. **輿論看法方向與行情發展反向時，該使用順勢策略。相信行情，不要相信輿論。**

4. **輿論多空看法分歧時，也該使用順勢策略，相信眼前的多空趨勢。**

這樣的判斷大原則會有不錯的勝率。但是有個巨大的難題：如何判斷輿論樂觀或是悲觀？市場永遠同時存在大量看多與看空的評論。何者才是真正的輿論？比較可行的辦法是：統計《工商時報》、《經濟日報》頭條，加上前五大券商（元大、凱基、群益、富邦、永豐）晨訊的多空看法。報紙頭條是記者與編輯寫的，券商晨訊是研究部門寫的，撰文者都不是真正作交易決策的人，寫這些評論的目的都是吸引投資人的目光與認同。這些

專家實際上看法就是輿論，與散戶對行情的觀點雷同！

「人多的地方不要去」與「順勢交易」是永遠相互矛盾的說法。人多的地方就是當前的趨勢，多數人的看法就是輿論。當輿論越統一，犯錯的機率也越高。每天的交易都有 1/2 的資金買入，1/2 的資金賣出才能成交。市場利多滿天飛時，不等於沒有利空，只是市場上 1/2 的沉默賣方所看到的資訊被媒體忽略罷了，市場在趨勢末端泡沫行情中，經常會犯嚴重的錯誤。

與其拘泥要順勢還是要逆勢這些永遠各執一詞爭論不休的操作原則。不如放寬自己的思維，接納所有交易手段。影響投資盈虧的主因，是對行情未來走勢的研判。至於要順勢還是逆勢？只要選對時機，就是好的投資策略。

技術分析中的人性缺陷

與順勢逆勢的選擇一樣，每一段的行情不論怎麼走，在眾多技術分析中永遠可以找到看多的理由，也可以找到看空的依據。行情急漲、KD 指標、乖離率可能顯

示超漲，應該要賣出或者做空，但是 MACD 卻顯示這是多頭趨勢，應該要買進。做對行情的人指責做錯決定的人學藝不精，但下一次相同的指標變化，結果可能完全相反！股價跌破季線就會走空？這是技術分析中常用的法則。每一本技術分析教學書籍都會秀出跌破季線後慘烈崩跌的實例，告誡投資人這法則多麼有效，但從來不會告訴投資人有多少案例跌破季線時恰好是最低點，之後就轉向上漲。

每一個崩跌的個股必定會跌破季線，但跌破季線不一定會崩跌！

　　大部分的技術分析指標是回顧過去已發生的走勢所歸納出來的經驗法則。由於人類的認知會自動強化自己篤信的邏輯，這是心理學 Piaget 認知發展論中基模（schema）的概念，因此當看到跌破季線大跌的案例，會印象鮮明，但是看到跌破季線後立即反彈的狀況，短時間內就會淡忘。曾經有歐美學者作過實證統計發現，任何一種單一技術分析指標，包含 K 線形態，實際的勝

率都低於 60％，而且大多數指標勝率低於 55％。但是如果不做嚴謹的統計，單憑自己對行情的印象，認知的扭曲自然會讓投資人誤以為技術分析非常有效。

　　技術分析專家會教導投資人在不同的情境下使用不同的技術指標。趨勢指標（MACD、均線）會告訴投資人何時該追高殺低，但永遠不會發出轉折的訊號。擺盪指標（KD、威廉指標、乖離率）相反，告訴投資人何時股價可能反轉，但行情脫離盤整展開趨勢時，卻不會有警示。**問題在於，何時該用哪一類指標，技術分析派往往自由心證、各說各話。不論是選擇線圖的時間長度，或者是選擇技術指標的種類，選擇的過程本身就包含自己的主觀。**當投資人持有多單時，對呈現多頭排列的均線形態會深信不移。但相同情勢中持有空單的投資人，看到的卻是乖離率發出超漲訊號，完全違背了技術分析「放棄自己主觀，透過指標客觀的訊號來研判行情」這個初衷。

　　技術分析使用者除了要選擇技術指標種類以外，還需要選擇不同時間長度，這將會給予不同的買賣訊號。投資人還需要決定到底該看 5 分線、30 分線、小時線，還是日線週線？因此，技術分析的評論中經常出現短空

長多這種不易轉化為投資決策的說法。投資人只能在買進、賣出，與觀望三種策略中選擇其一。選擇相信 5 分鐘技術分析呈現的短多，方向變換時頻繁進出交易成本支出就足以虧空本金。選擇較長時間長度的技術分析（如週線），在激烈行情變動中，短線的相反方向走勢可能讓投資人難以忍受！

單純拿技術分析來解釋已發生的行情，可以輕易找到完美的指標。但是開始實戰後，勝率與交易成本支出的兩難困境，就成了投資人的噩夢！

投資時有主觀看法不是甚麼壞事，投資人持有的部位就是主觀，就是對行情的預測。但是選擇技術分析的種類本身就已經包含了投資人沒察覺的主觀，卻是十分糟糕的事！每一個持有股票的人，股價上漲賺錢時，心情會變得比較樂觀高亢，會以為自己掌握了投資的訣竅。下跌賠錢時會害怕投資血本無歸，還會心情低落認定自己犯了重大的判斷錯誤。這樣的情緒中所做的分析判斷易產生偏差，盈虧更可能只是機率與運氣造成的，實際上與投資技巧，判斷方式完全無關。分析法則應該要能夠修正盈虧左右的情緒，讓投資人做出更正確的投資決策才對。

　　價格變動是造成情緒波動的主因，價格又會不斷改變技術分析呈現的買賣訊號，結果技術分析不但強化了投資人的主觀看法，也加大了亢奮與恐懼的情緒。

　　行情若連續上漲 3 個月毫無回跌，所有的趨勢性技術指標都會顯示強烈的多頭訊號，K 線型態會告訴投資人這是大多頭。但是有經驗的投資人都知道，突然下跌的機率的確不高，但是一旦行情真的轉向，原本的多頭一窩蜂同時賣出，股價下跌的幅度與速度都會遠遠超過想像，一天可能會跌掉半個月累積的漲幅。有實戰經驗的投資人做交易決策時，腦中都會自動評估可能的獲利與可能的虧損相比到底划不划算，但是如果投資人以為，「客觀的指標告訴我要追買」，因此停止思考，很可能就會犯下大錯。技術分析看到的是機率，真正有用的投資決策必須衡量期望值。

　　技術分析看似規則簡單易學，但實務上一點都不好用。投資人需要累積長久的實戰經驗，並且擁有清晰的邏輯分析能力，才能克服技術分析的人性缺陷，妥善運用。從華爾街投資銀行的交易來看，技術分析最有效的模式就是高頻交易，買賣在短短數秒之間完成 ；長時

間的技術分析在實務上有被秉棄的傾向。由於一般投資人無法取得夠低的交易成本，因此判斷趨勢方向時用其他與價格變化無絕對關聯的資訊（如基本面或是籌碼分析）會有較佳的成效。用技術分析作為判定進出時機的輔助參考工具，更容易建立理想的實戰分析邏輯。

別濫用本益比

技術分析不好用，那改用基本分析就 OK 嗎？很不幸的，基本分析的障礙也很多，坊間充斥的滿坑滿谷的錯誤認知，其中本益比（P/E Ratio）這項財務數據是投資人最熟悉的基本面資料，也是被誤用最嚴重的數據。

1. 跌勢中買本益比偏低的股票易買到起跌的爛股！

股市的下跌過程，會先看到本益比從合理降到非常不合理，然後才會看到企業獲利 EPS 大幅下滑，最後才是投資人持股信心瓦解，謠言四起。因此看到本益比低於 10 倍的股票，不要以為撿到寶，這反而可能是地雷

股！股價會高效率反應已知與未知的消息，當股價連續一段時間處於極低的本益比，市場又沒有明顯集體悲觀氣氛時，表示財報數據落後，公司營運包含尚未曝光的利空。想想看，**「自己恰好是整個市場最棒的價值投資者，其他成千上萬的投資人與法人專家都是不識貨的蠢蛋」**這是多麼不合常理的事！

2. 漲勢中買本益比偏低的股票易買到不會漲的牛皮股

在大盤上漲的狀態下，挑選本益比偏低的股票，的確有機會抓到股價補漲的契機。不過多頭行情中本益比偏低的個股，更可能是企業營運展望無亮點，競爭力落後的公司，只有在多頭行情末期，盲目樂觀情緒增溫時，才會發生補漲。投資這類公司，錯失主流股整段上漲行情的可能性高。

市場最推崇的價值投資高手巴菲特，在 80 年代買入可口可樂時，該股價接近當時的歷史高點，本益比也高於 20 倍。近年來，最大手筆買入聖伯菲鐵路公司，本益比也高達 24 倍。買本益比偏低的股票等於價值投資，根本是一項可怕的錯誤認知！所有的財務資料統計都需要

時間，即使是更新頻率最快的營收數據也只有 1 個月公布一次。財報呈現的企業獲利資料是上 1 季的資訊，但是股價會迅速反應未來的估值。本益比資訊落後的特性，造成實務上運用本益比的法則恰好與一般投資人的認知相反。

　　放棄找尋本益比合理的股票吧！反倒是不合理的本益比可能提供了投資的線索！

　　本益比 15 ～ 25 倍都算合理的本益比。這意味著股價可以出現 60％漲跌變化，但本益比不會提供任何買賣的線索！這樣的漲跌幅度是絕大多數投資人無法忍受的。多頭行情中選擇買進本益比偏高（25 ～ 35 倍）的股票，空頭行情中做空本益比嚴重不合理（15 倍以下），會是勝率較高的投資決策。價格變化很可能領先反應了投資人尚未看到的基本面獲利改變，每個產業的合理本益比都不大相同，投資人可以自行從證交所網站查到各產業平均本益比資料，作為比對依據。台股本益比可以在證交所統計報表中「上市公司月報」（http://www.twse.com.tw/ch/statistics/statistics.php?tm=04）獲知。

　　本益比與其他多數財報數據時效性都很糟糕，在運用時非常不方便，市場的效率遠比投資人的想像高，這

是人們最常認定技術分析優於基本分析的論點之一。具有即時性的基本分析實際上是存在的！只不過這些訊息不在財報裡。即時的基本面變化的訊息隱藏在各式各樣的產業新聞當中：企業新接到訂單、新的工廠產能開始運轉，會讓公司未來的營收增加，並轉化成下季或是半年後的公司獲利，讓本益比下降。擁有足夠專業產業知識的人，可以從龐雜的新聞資料，甚至上游廠商與下游客戶營運的消息中推估出未來的本益比，這正是法人產業分析師的工作內容之一。只看財報做投資的人會成為後知後覺的抬轎者，投資人務必要瞭解基本分析的致命缺點與局限性，才能跳脫錯誤的投資陷阱。

超長期投資學真正的要點：
找出成功的品牌經營企業

幾乎每一個投資人都知道巴菲特靠著實踐價值投資的理念成為鉅富，但是他最擅長的價值投資並不是從財務數據中找出物超所值的企業（巴菲特在《雪球》一書

中將這樣的投資原則形容是：「撿雪茄屁股！」)。1973年後，巴菲特的投資逐漸從葛拉罕教導的價值投資，轉化為找尋「偉大企業」。偉大企業獲利的護城河有兩個：一是低成本；另一則是強大的品牌。讓巴菲特身價大漲的投資標的：可口可樂、Gillette 刮鬍刀、Sees 糖果、美國運通，每一家都是品牌經營成功的佼佼者。無庸置疑的，辨認品牌價值是投資人的必修課。

品牌價值的組成很複雜，包含：1. 知名度；2. 品質口碑；3. 形象與使用體驗。

知名度的經營是最品牌的基本功，只需要海量的廣告轟炸洗腦就能有效果，但是要長期保持領先，非常不容易。巴菲特持有的 Gillette 刮鬍刀品牌，成功的程度令人頭皮發麻！想想看，扣除電動刮鬍刀，手動刮鬍刀品牌除了 Gillette 以外，各位讀者還有想到哪一個？大部分人可能 30 秒內真的想不出第二個品牌，這就是知名度的終極成功狀態。除了特定品牌以外，其他競爭對手都變成「雜牌」。知名度越高，企業銷售商品的難度就越低，但投資人很難將知名度用數據作量化，因此最好不要用知名度當作判定投資價值的依據。

　　產品品質穩定有保障是一項寶貴的資產。德國製造給人的印象就是耐用，製造精良，這是數萬家出口企業歷經幾十年所建立的口碑。任何一家德國新公司推出的產品，自然享有這項競爭優勢。因此德國出口金額數十年不墜，品質保證也能透過大量廣告轟炸塑造。比如說華碩多年來的口號「華碩品質，堅若磐石」，十年聽了 1000遍之後自然會出現三人成虎的功效。當人們看到同事或好友其他品牌的筆電故障時，下次選購電子產品時，自動就對華碩多了一點點好感。即使沒有客觀的統計事實佐證，但人們的主觀認知還是會有差異。但是如果沒有真正的優良的品質，光靠廣告也是沒用的。使用者在網路上只要提出負面評價，就會廣為流傳。若出現新聞報導，態勢就會一發不可收拾，Facebook 上市 IPO 前後，曾經傳出汽車大廠 GM 因為質疑 FB 廣告效果撤銷預算，就讓 Facebook口碑受重創，也拖累股價。消費者能親身感受到的品質，才能透過廣告與宣傳，擴大成品牌的一部分。

　　評估企業的產品品質口碑，自己的主觀瞭解就具有投資參考性。若要追求更客觀的比較，詢問熟識的銷售商家是個好辦法。商家能從客戶維修、第二次購買，或

是推薦親友意願中精準評估品牌的口碑。

　　品牌形象極難建立，但是價值也是最大的。全球品牌價值第一名：可口可樂主力產品可樂的主要成分是糖、水、空氣（二氧化碳）、焦糖色素。可口可樂永遠不會告訴你他的產品營養豐富又能養生，它告訴你喝可樂是歡樂、暢快的。因此，小孩在生日 party 中要喝可樂、約會看電影時要喝可樂，如果改喝豆漿就整個遜掉。這種與產品內容實質上幾乎無關的形象，成了與其他競爭對手最大的區隔，也是品牌最重要的利基。路易・威登（LV）在 1850 年時推出的皮箱，以品質精良、輕盈，又有防竊效果廣受歐洲王室貴族的喜愛，但 1900 年後，各式皮包開始強調設計的時尚感，而非實用功能的優越性，才真正讓 LV 成為奢侈品品牌的龍頭，定價比其他同功能的產品貴幾 10 倍。蘋果能在科技產業勝出，也是因為賈伯斯的天才能力，讓蘋果的產品變成時尚品味的一部分。過去科技產品一貫強調產品效能與功用多麼強大，蘋果的時尚形象鶴立雞群，一支獨秀，成為全球市值最高的科技公司。如何建立這種非產品功能性的品牌主觀形象實在是個謎，競爭對手完全無法複製。只知道

這樣的品牌形象必須多年經營，而且企業推出的每個不同的商品都要精心設計符合相同一貫的形象，同時還要讓使用者產生切身體驗，才能讓這種抽象的感覺深植人心。

台灣的企業在過去 30 年來品牌經營成功者稀少，科技業尤其艱辛，由於科技產品主要銷售市場是歐美。台灣人對歐美的生活習性，文化特質不易有足夠清晰的認知，因此建立品牌形象難度特別大。不過許多企業已經透過早期代工建立的規模優勢成功獲得知名度，20 年前的台股市場是品牌沙漠，現在已經改變，算小有成果。非電子產業領域，有越來越多企業已將品牌成功轉化為獲利優勢。未來若要成功站穩萬點，挑戰新高，品牌企業必定擔當漲勢要角。投資人現在立即開始學習品牌相關的知識，將來一定能轉化為豐厚的投資利潤。

造成股價漲跌真正的原因

不論是基本面訊息還是技術分析指標，都只是讓投

資人猜測股價未來漲跌的輔助工具。徹底瞭解股價變動最基礎的規則，才能清楚瞭解如何做分析。

　　股票市場的交易制度，稱作「集中撮和交易」，市場上想賣股票的人永遠希望賣價越高越好，而買股票的人相反，期待能用越低的價格買進對自己越有利。證券市場每一個人都可以自由選擇想做交易的價格提出委託單。電腦交易系統會將委買價格中最高的一筆，與委賣價格中最低的一筆呈現出來，這就是投資人看報價時常見的委買價（內盤價，bid）與委賣價（外盤價，Ask）。一般狀況，委買價與委賣價格之間會有一點點價差，當兩者價格相同時，表示買方與賣方已達成協議成交。電腦系統將繼續顯示下一筆尚未成交，價格最接近的委買委賣價格。每一筆股票成交，都表示當時成交價是買方與賣方都滿意的價格，沒有任何一方占到便宜。當股價從 100 元漲到 101 元，買方與賣方數量依然完全相同，只不過買方妥協改變看法，願意用更高的價格購買股票。

　　每一個時間點的成交價，都代表多空觀點達到均衡狀態。買賣雙方無人是輸家，也不存在任何的超買超賣。

　　這原理似乎簡單，但其中透露了非常重要的行情

判斷原理：買賣的意願與看法出現變化時，股價才會改變！眾所皆知的事實，不會改變股價。每一個人買賣股票的理由都不一樣，可能是因為看好公司獲利前景，也可能只是因為中樂透錢太多。因此想嘗鮮玩玩股票投資，還有許多千奇百怪的可能性存在，不過大部分投資人買賣的動機都是為了賺錢。

能讓人們願意積極追買股票的動機大多是：企業經營與獲利變得比以前更好，而且看法轉樂觀的人手中有大量資金。

能讓人們急迫，不顧價格拋售持股原因則是：認為企業獲利衰退，甚至可能虧損。或者更單純只是因為持有股票的人目前陷入缺錢的狀態。

真正能影響股價漲跌的因素有兩個：**一是對企業未來獲利展望的評估；二是投資人自己的資金狀況**。後者幾乎無法評估，但是在極少數狀況下，投資人會集體出現缺錢或需要撤資的狀況（比如說大量融資追繳）。當這種情事發生時，就是投資學中所稱的系統性風險（Systematic Risk），也稱為不可分散風險。全體投資人

突然集體大幅增加投資意願，就可能滋生泡沫行情。這樣的走勢都是行情末端的特徵，而且完全與企業獲利展望脫節。

於 1978 年，美國經濟學家金德爾伯格（C·Kindleberger）認為：「泡沫狀態這個名詞，就是一種或一系列資產在一個連續過程中陡然漲價，開始的價格上升會使人們產生還要漲價的預期，於是又吸引了新的買主。」因此，產生了畢馬龍效應（Pygmalion effect，又稱為自驗預言）當投資人的目光完全被股價漲跌的資本利得盈虧所吸引時就是泡沫。泡沫行情何時會發生？為何會出現？何時會破滅？至今仍是難解的投資謎題，尚未有答案。融資斷頭與資金行情都屬於廣義的泡沫之一，當遇到行情出現不理性的泡沫發展時，與其積極參與其中，試圖讓自己能技術高超的分一杯羹，倒不如用降低槓桿、分散投資，或是適度的空手休息觀望去因應這些極端局勢。

雖然未來充滿不確定性，**但只要持有健康獲利的公司股票時間夠長，仍然會有絕對的優勢！**股票的價格，在大多數時間內都會略低於該公司真正的價值，因為買

進股票的投資人需要承擔未來不確定性風險，因此會要求比定存更高的回報率，這在經濟學理論中稱為「流動性偏好」。長期持有股票的優勢不只是如此，大部分國家的通貨膨脹都會緩慢上升，現金的購買力會隨著時間越來越薄。企業等同是一份能不斷生財賺錢的資產組合，本身的價值會隨著通貨膨脹水漲船高。股神巴菲特其實只是掌握了這個原理，因此賺進大把鈔票。股票市場中做多永遠比做空有優勢，不過當企業陷入競爭落敗虧損時，能翻身復活的案例也不多。1900 年時，12 檔道瓊成分股，到了 2000 年時只剩下 2 家依然存活，其他都已破產或解散。台灣的中小企業，平均存活時間不到 3 年！連續虧損的企業，最終的合理股價是零。因此，如果投資人不對企業的基本面做瞭解與分辨，毫無選擇性的長期持有，依然不會賺錢。

不論順勢逆勢，長線短線，都不存在不作判斷就能輕鬆獲利的法則。從最新資訊中找尋投資線索是必要的工作。

短時間內的推動股價變動的主因是「新的變化」，財報呈現的公司高獲利，企業績優體質，多數時間內都已

經反應在現在的股價中，不會在明天讓更多人突然想市價追買股票。最新的變化資訊就是新聞，與其他市場價格變動（如原物料價格或是利率）。新聞中包含了法人與專家判斷企業獲利變化的線索，也是造成投資人樂觀悲觀情緒改變的主因。瞭解如何判讀資訊，是非常重要的功課：

判讀資訊的第一個步驟是抽出事實的成分：新聞會夾雜消息報導與相關分析判斷，這些分析判斷無需過度重視。新聞中的分析大多是記者，或是頭銜好聽的人士寫的，這些人不見得具有充足的投資實務經驗。只有握有實權的決策者，如公司 CEO、董事長、央行總裁，或是真正握有資金的在做交易決策的人，分析判斷才有參考價值。

判讀資訊的第二步驟是確認訊息的時效性：沒有新鮮度的舊聞，可能只是偷懶的記者拿來應付交差的產物，而非行情變化真正的主因。行情只會反映未來，不會反應過去眾所皆知的事。如果是最新發生的事情，行情第一時間就可能發生反映，無須等報導出爐。2011 年，日本311 大地震，日圓走勢在地震發生後不到 1 分鐘就開始激

烈反應，最即時的路透即時新聞等 6、7 分鐘才有報導。
如果投資人從媒體得知消息，但發現行情完全看不到對
應的漲跌，最可能是因為這消息根本不重要，或者表示
這早已是符合預期，多數人都已知，不會感到驚訝的
事。根據這樣的消息做投資操作，下場當然是賠錢，消
息要有時效性與意外性，才會推動價格變化。具有時效
與意外性的消息，推動行情的走勢也不會只有幾分鐘。
有些人可能晚 1、2 小時才看到報導，還有投資人隔天看
報紙才知道發生甚麼事。

**判讀資訊的第三個步驟是評估消息與市場多數人的認知
之間到底有多大落差**：差異越大，推動行情產生的趨勢
能走得越遠。如果法人需要因應新變化的交易是買賣幾
10 萬張股票，那行情可能會持續 1、2 周時間。中鋼是台
灣最大的鋼廠，經營非常穩定，過去 20 年每年都配息 2
元，當突然發生經營虧損時，一定有很多人感到訝異，
但是原本看多的持股者，可能要 1、2 個月的時間內才
會認清經濟大環境已改變的事實，因此股價下跌變得緩
慢而且漫長。判斷「多數人的認知」無法找到客觀的標
準，投資人只能自己慢慢累積實戰分析的經驗。

除了新聞訊息以外，直接從跨市場行情追蹤判斷基本
面可能的變化，不但更客觀，而且可以完全掌握時效
性。投資人如果知道台塑主要的生產原料是乙烯，主
要的產品是 PVC、PE 等塑膠原料。那直接觀察塑膠原
料的報價，當發現報價上漲時，就能立即判定台塑未
來的獲利可能增加，值得買進。這樣的判斷邏輯需要
很多專業知識，但非常值得投資人在這方面下功夫精
進。

籌碼分析提供了運用基本面與最新資訊上一個取
巧的辦法。透過身分最單純，分析原則最一致的投信籌
碼變動，可以窺探法人到底關注的焦點在那些產業與股
票，可能的看法方向是甚麼。但是投信並非常勝軍，法
人的判斷可能包含錯誤，甚至有陷阱。從投信選擇的
少數標的中自行深入收集相關的新聞，上下游報價等基
本面資訊，是解決基本分析資訊過於龐雜的理想捷徑。
再透過技術分析，猜測投資人情緒的變動，找尋買賣時
機，就能建立一套有效的決策邏輯。

對抗自己的錯誤直覺

　　很多人都知道，在投資的世界中，最大的敵人往往是自己，但是卻搞不清楚，到底哪些情緒與想法是真正的造成虧損的凶手。媒體經常隨意把虧損歸咎於投資人的貪婪與恐懼。事實上，貪婪是賺錢的原動力。不貪的話應該乖乖去定存過生活就好，恐懼跟身體的痛覺功能一樣，是投資中不可或缺的風險警報器。沒有恐懼，就不會知道虧光資金的苦楚。

　　投資人真正該做的不是克服貪婪與恐懼，而是善用貪婪與恐懼！

　　每次下單進場做投資時都該戒慎恐懼，而非等到看到虧損帳單或是接到追繳電話時才驚覺事態嚴重。持有好股票應該要盡量貪婪！投資人該把貪婪用在盡量拉長持有時間，而非放大槓桿。靠一檔好股票賺 3、5 倍都不算過分，別老是把眼光放在會造成 5 ～ 10% 波動的事件上。貪婪必須搭配耐心才能將想像轉化為實質獲利，進場買股票時貪婪，平倉出場時恐懼，是投資人常犯的人

性錯誤。反過來運用，貪婪與恐懼就是投資上的好幫手。

　　投資人真正該抗拒的是想要順勢、從眾，想要服從輿論與權威的衝動。從眾是人類的本能，心理學家發現當人們發現自己與眾人相異時，會出現焦慮的情緒。腦神經科學家甚至已經發現，阻斷後額葉皮層（posterior medial frontal cortex）中的神經活動可以讓實驗對象的從眾行為消失。自己花費精力收集資訊與承擔決策壓力，是一項辛苦的工作，從眾與服從權威，是取巧減輕壓力，加快決策流程的方法。但是歷史經驗告訴我們，獨立思考的投資人才有可能撿到便宜，或者發掘有獲利潛力的明日之星。要抗拒本能非常困難。甚麼都不相信，把別人通通視為反指標也也不是辦法。要克服從眾心理，必須精心設計自己每一道分析與投資決策程序。有兩個要點務必掌握：

1. **別讓自己在急漲急跌中有迫切下單交易的需求**：巴菲特過去平均投資績效，年複合報酬率有 35％，索羅斯在全盛時期 1 年能賺 45％，換算成每個月的報酬率，只有 2 ～ 3％而已。1 個月只需要賺半根漲停板就已經

比巴菲特還要厲害！只要做好分散投資，不使用過高的槓桿，就不需要緊急變換手中的投資佈局。

2. **適度空手等待**：投資不是百米賽跑，而是一場比超級馬拉松還長數 10 倍的耐力賽。追求資產的累積，遠比短時間內大賺更重要，適度的空手與休息是清空自己情緒，重回思緒冷靜的好方法。當投資人發現自己出現超乎預期的虧損，或是長時間陷入賺錢後總是快速回吐獲利做白工的情勢時，真正的問題大多不是分析方法有問題，而是盈虧累積的過度焦躁的情緒。這時關電腦不看盤，清空自己腦袋 1、2 周，往往是最有效的方法。

從過去的經驗中可以知道，激烈的大漲大跌中，人們從眾的傾向會較高，過大幅度的盈虧又會讓自己懷疑自己的獨立判斷，強化從眾情緒，並且產生焦躁的感覺，影響到分析的勝率。這些情緒與直覺上的變化，無法透過理性分析察覺，**別忘了當遇到情緒與直覺上的錯誤時，必須在「無法相信自己的判斷」的背景下，做出正確的決定。**這時真正可行的投資決策，就是「不做決

策」，讓自己擁有不做決策的資格。一開始進場投資時資產配置就必須妥善規劃，虧損時是否要停損平倉出場，反而是投資決策中的旁枝末節。

投資需要靠運氣？

　　戰場上，士兵不論做了多少刻苦的訓練，累積豐富經驗，不論是小兵還是大將軍，只要一顆砲彈剛好落在頭上，通通必死無疑。想要在戰場中存活，運氣永遠是決定因素之一，金融市場也一樣。投資人不論花多少工夫鑽研經濟理論、收集資訊、謹慎分析，都無法取得必定賺錢的結果。但是幾乎所有的分析師與投資專家都閉口不談運氣這件事！

　　巴菲特在青年時期賺錢也並非完全靠自己努力。1956年，巴菲特 26 歲正式成立公司開始金融業生涯，實際上做的是代操。自己出資 100 美元，合夥人出資 105,000 美元，合夥人都是巴菲特親友。當時一棟價值房子 30,000 美元（想想看，台灣的大學畢業生能從親友募到 3000 萬

資金代客操作的能有多少人？）別忘了 1956 年是二次
世界大戰結束 10 年後，大部分美國人並不富裕，當時
SP500 的本益比只有 6、7 倍。在歷經長期的動盪與經濟
慘淡時期後，能擁有充足的資金做投資，本身就是一項罕
見的優勢。如果巴菲特早出生 10 年，他可能成為諾曼第
沙灘上的亡魂，名字被刻在紀念碑上供人憑弔。如果早出
生 100 年，巴菲特會處於每 8～10 年發生一次金融風暴
的年代中，領悟完全不同的投資邏輯。巴菲特的投資功力
無庸置疑，但是人們不論再怎麼學習，要複製巴菲特的成
功經驗仍然困難重重，關鍵就在於運氣無法重現。

美股 SP500 歷年來本益比

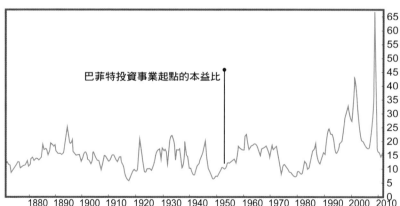

資料來源：www.multpl.com

　　說真的，要在股票市場賺錢，多拜拜，想辦法轉運，搞不好比閱讀這本書更有效……每一筆投資的盈虧結果都包含運氣成分在內。如果相信運氣是無法預測，無法控制的事，要找出有效的分析法則，就一定要想辦法從過去的投資盈虧經驗中排除運氣造成的影響。以下幾項技巧投資人可以參考：

1. 當自己的投資發生短時間大賺或大賠時，最可能表示遭遇了機率罕見的事件，真正的主因是運氣！或者單純只是使用了錯誤的高槓桿。不論盈虧都不是好事，這時的投資經驗實際上參考價值低，但是大賺大賠時投資人必定印象深刻。因此，分析師最愛用這類的範例作為投資教材，結果反造成誤導。當出現大賺大賠時，**真正該作的是：檢討風控、休息或減少操作、不該因這次的賺賠經驗改變投資分析的既有規則。**

2. 重複使用相同的判斷規則，運用嚴謹的統計評估勝率。盈虧會加強主觀感受，記憶隨時間拉長，易產生扭曲。投資分析的法則，應該重複多次，嚴謹的統計勝率，才會知道是否有效，是否值得參考。當遭遇一

次或兩次虧損經驗時，投資人一定會產生灰心的感覺。如果這時急急忙忙修改分析原則，反而無法判別自己使用的分析方法是否有錯誤。

找尋投資決策的原則是一個非常漫長的過程。透過回溯歷史資料作研究，的確可以快速獲得大量數據與案例做統計。可是過去的資料裡面依然包含特殊事件與運氣成分，如果 2012 年時選擇過去 5 年的資料作統計，因為包含了 2008 年金融海嘯時期的特殊走勢，未來不一定適用。1996 年時「隨時買、隨便買、不要賣」成了最火紅的投資圭臬，那是因為美股出現在先前 15 年出現了史上最輝煌的大多頭上漲走勢。當時人們與金融機構專家看到 15 年來耀眼的投資績效，因此爭相傳頌這個投資方法，最後害慘了無數投資人。2001 年網路大泡沫後，已鮮少人再提及這個投資法則。過去的績效永遠不等於未來能重演，不論再怎麼改變統計的方法與細節，都無法改變。任何回溯過去資料所得到的方法，依然必須在實戰決策中重新確認一遍，才能夠判斷是否包含過多的運氣成分在內。

3. 找出邏輯與學理上的真正因果關係確認分析法則的效

用才是終極解決之道，有相關性不等於必定有因果關係。2006、2007 年時台灣投資人最愛聊的八卦是：分析台股漲跌很簡單，只要王建民勝投，台股就會大漲！比所有專家的分析勝率都高。以 2007 年的資料計算，勝率有 62％，勝投日累積漲幅近 1,000 點。2008 年王建民 6 月受傷後，台股立刻進入慘烈崩跌，從 8,000 點腰斬至 4,000 點。從事後的角度來看，「台股王建民指標」準到令人咋舌，但人人都知道這不能當真，只能當作飯後閒聊的話題。因為王建民與台股不存在實質的因果關係，透過觀察與統計，找出可能的因果關聯推論，就是科學，而科學必須任何人都能驗證。投資分析同樣該以相同的標準作檢驗，任何只訴諸於要求人們相信的說詞，等同迷信！下文是第三點因果關係的進一步說明，舉幾個簡單的邏輯實例：

(1)「**法人大量買超時，易造成今日股價上漲**」：這個法則人人都可以觀察到，也可以透過統計知道正確率。今日大量買進非常容易造成今日大漲，以上是科學邏輯推論，但這個現象不等於明日會續漲。要猜測明日是否續漲，實際上需要推測明日法人是否

會保持慣性繼續大量買進。

(2)「**看到法人大量買進，明天就易上漲，快買！**」：這是只用觀察歸納得到的錯誤推論。

(3)「**看到 K 線紅棒上漲，明日應該會續漲，快買！**」：這是連簡單統計都過不了關的推論。

不論用甚麼樣的原則作分析，股價變動永遠包含運氣成分。因此做過大量統計後就知道，勝率不可能大幅提高，有效的邏輯推論可以提供應付最新局勢變化的線索。若看到法人大量買超，而且原因是企業接到大訂單，且法人手中持股偏低，因此推論明日法人會繼續買超，可是如果隔天發生恐怖分子攻擊白宮事件，自然就能立即推翻先前的推論。

分析上靠邏輯的因果關系推論可以排除運氣造成的影響；投資上做好分散才能徹底抵禦運氣帶來的影響。真正的分散，台股投資只能是資產的一部分，固定收益、現金部位，與全球性投資佈局是有必要性的，永遠重視運氣對分析與盈虧造成的影響是避免自己在漫長的投資道路中陷入過於自滿的不二法門。

健康的投資心態

　　面對永遠充滿不確定性的未來，做交易決策，或是持有投資部位的確需要某種程度的信心。不過信心這玩意兒不能單靠盲目的膽量，它必須來自於許多合理的背景因素。

1. **無壓力的資金**：在投資市場廝殺，錢就是膽。更精確的說法是，虧得起的資金才是信心來源。如果有人認定絕對不准自己一筆交易賠超過 100 元，那設定股價只要跌 0.1 元，就一定要認賠出場，下場很可能是每一筆交易都賠！

2. **過去投資賺賠的經驗**：有了過去賺錢的經驗，才能知道如果這一筆投資賠錢，可能要花多久時間，多大力氣才賺得回來。

3. **長期使用的固定分析法則**：分析法則必須自己實際使用過，才能確認在驚濤駭浪般的行情中，是否真的具有導航效果。

　　簡單講，資金與經驗就是信心的來源。

　　每一個投資的新手，都必須想辦法製造自己賺錢的投資經驗。再從這些賺錢的經驗中累積信心，並篩選有用的投資法則。這樣的修練不存在速成的捷徑，每個人都必須從較小的資金作為起步。10萬台幣，或者半年內可以用薪資收入存到的金額是理想的起點，這樣的資金不會造成巨大的心理壓力，也能做到適度分散。再投資的初期制定獲利目標是愚蠢的做法，目標只會增加焦躁的情緒，不會有任何其他的好處。真正有效的波段操作原則，並不存在穩定獲利這一回事。1年中可能只有兩3個月在賺錢，剩下的時間可能在損益兩平中奮鬥，或是在空手觀望中耐心等待。投資人該計算的不是平均獲利，而是平均勝率、出手次數，最大單筆獲利與最大單筆虧損這四項統計數字。

　　不論做了多少投資分析，或是累積了多少交易經驗，面對未來的下一筆投資決策，永遠不可能是必勝的。學習分辨何者是「運氣所造成的合理的虧損」，何者是「錯誤決策造成的虧損」是投資中非常重要的工作。金融市場是非常公平的，一般勝率能高於60％的策略，

獲利與虧損之間的盈虧比例應該低於 1，也就是最大虧損遠大於最大獲利。相反的，勝率介於 40 ～ 50％的方法，追求的是最大獲利遠高於最大虧損。只要勝率與盈虧比能夠均衡，同時出手次數不會多到交易成本虧空資金，也不會低到需要等數年才有一次交易機會。那就會是合理的賺錢方法。

衡量甚麼是合理的勝率與盈虧比，凱利方程式（Kelly formula，又稱為賭徒公式）是個不錯的法則：

F ＝（B×P － Q）／B

其中

F ＝下注占總資金的比例

P ＝勝率

Q ＝敗率＝（1 － p）

B ＝盈虧比（在常見的賭局中，虧損＝下注的所有資金，B ＝贏錢時的倍率）

如果凱利方程式算出來的結果是負值，那就表示分析的法則是賠錢的，根本不可行。凱利方程式算出來是

正值，進一步做完善的風險控管才有意義。

　　大部分投資人期待能買在最低點，空在最高點，天天大賺漲停板，可惜這樣的思維只會讓自己找到一堆騙子。每一個投資人找到的實戰分析法則可能都不大一樣，無法忍受資產大幅增減變化的人，選擇的是高勝率，低盈虧比的方法。只要能控制好關鍵虧損時刻的損失幅度，就是贏家。有大賺一票野心的投資人，會選擇低勝率、高盈虧比的策略，這時控制單筆投資虧損反而是次要的工作。如何讓自己耐心度過等待時期，並且貫徹投資分散的原則，才是決定成敗的核心因素。自己適合哪一種投資方式，只有自己才知道。只有在歷經實際的投資盈虧後，才能知道自己有多大的野心，對虧損恐懼的界線在哪裡。

　　健康的投資心態與法則必定包含：

1. 經過盈虧淬鍊的獨立判斷分析法則。

2. 虧損時的處理經驗與資金承受力。

3. 正視與辨別運氣造成盈虧的能力。

4. 對抗自我情緒與人性造成偏差的警覺心。

　　行情分析的確很重要，但它只是投資決策的一部分而已。每一個投資新手，從起步到建立初步可用的投資法則，都需要數年的時間。有了獲利的經驗作基礎，再開始投入自己主要的資產，或者使用較高的槓桿，就能逐步實現累積財富的夢想。這過程越早開始越好，資金不足 10 萬，可以從投資零股做起，同樣能累積經驗。建構屬於自己的投資邏輯，與蹲馬步練功夫一樣，相當磨人難耐，但也並非每一個想從股市賺錢的人都能順利度過這一個關卡。投資需要具備冒險的人格特質才能成功，當發現自己已經多年沒大幅修改決策邏輯，面對盈虧已不再有驚喜與疑懼，而且明確的感受到自己能以「年」為單位達成累積資產的目的。

　　恭喜你！你已經找到投資的方法，正在成為市場贏家的道路上穩步前進中！

【後記】

機會是留給有準備的人

　　巴菲特在 1978 年時資產是 8,900 萬美元，到了 1983 年底暴增為 6.8 億美元。年複合報酬率高達 150％，遠遠高過之前年均 35％的績效。巴菲特能獲得如此傲人的績效，奠定在金融投資領域呼風喚雨的基礎，只不過是在轉型收藏具有品牌一流價值好股票的過程中巧遇美股近 30 年來最大一段多頭起點罷了。投資需要運氣，但是沒有做好準備的人，只會眼睜睜看著機會從眼前溜走。

　　台股自 1990 年 12,682 點回落，至今已經超過 20 年，分析師喊台股上萬點屢喊屢敗，這不表示未來永遠沒機會。台股正在從主力與散戶的殺戮戰場，逐步轉型為法人投資為主的成熟市場。站穩經營腳步，有實力在全球競爭的企業緩慢增加中，過去極度偏向金融或是偏向電子的產業結構也在改變。能跨越萬點，連續數年的大多頭行情，雖然不會馬上實現，但未來 10 年內發生的機率倒是可以期待的。台股市場正在發生多重的本質轉

型，如果國際金融環境配合，當景氣出現真正復甦時就是股市破繭而出的時刻。從美股百年的歷史來看，大空頭整理的時間長度是 18 ～ 24 年。2000 年是上一波大多頭的終點，或許距離下一個多頭起點還有時間，這時正是磨練自己投資技巧的重要時刻。

巴菲特在 1970 ～ 1978 年兩次石油危機期間，資產增值大約只有不到 1 倍（PS：當時的波克夏並非上市公司，無合理估值）。他解散清算了讓他致富的合夥代操事業，專心經營波克夏股份有限公司。透過併購，將波克夏從傳統的紡織公司，轉型為金融為主的投資控股公司。這 8 年中，紛亂與危機交替的出現，巴菲特依然堅持自己的投資邏輯，默默耕耘，當 1983 年美股進入大多頭時，績效自然一飛衝天。

台股表現停滯了 20 年，或許你我該額手稱慶。面對下一波大多頭，還沒準備好足夠武器與戰技的投資人，該快馬加鞭充實自己了！

【附錄一】
做多的要訣與注意事項

辨認大盤方向多空

先確認自己在順勢還是在逆勢。大環境的方向判斷不用太精準,透過籌碼選股可以補強勝率,並且降低行情轉向時可能的損失幅度。從技術指標來看,只要 K 線在季線(或是 60 日均線)之上,就假設行情是多頭,做多是順勢。從全球總體經濟來判斷,以美國非農就業人數大於 + 15 萬作為多頭的標準最理想。若從投信籌碼變化來看,投信積極加碼高持股的核心認養股,賣超避險股,同時積極追逐小型股(買超/股本比例 > 0.1% 數量大增)就是多頭訊號(請參考第二篇 P93)。

多頭時期,選股主要以投信買賣/股本這項數據作為最重要參考。外資買賣該作為判斷交易時機,與篩除土洋對作可能造成盤整的輔助資訊。偶爾能從融資異常增加或可轉債訊息中找到公司派作價的可能性。

逆勢做多

在空頭環境中逆勢做多，只要做好風控，同時不要預設長期持有，就可能是理想的投資策略。如果在空頭背景中跌勢緩和，主觀認定行情即將轉向上漲時，選擇股價已有跌幅，但投信已經出現逆勢買進的股票較佳。或者選擇投信積極買進，持股庫存偏低的小型股也可以。逆勢做多的股票基本面不宜太糟糕，本益比不該偏高，這時只需避開融資大幅上升的績優股即可，外資與融券參考價值低。反正持股時間不會太長，操作心態可以採取有賺就跑的策略。

大跌時搶反彈

若行情出現大幅重挫，上百檔股票跌停，同時已經出現融資大減或是法人大賣超暫緩的狀況，表示行情有從極端的缺資金停損效應中開始反彈的可能。這時媒體評論一片悲觀是理所當然，財報基本面數字利空連連也是常態，不用太在意，那些都是已發生的舊資料。反彈出現後，選擇投信處於買進初期的股票，或者庫存Top50，投信敢加碼的非避險股也可以，這時抓到的是反

彈還是真正回升，永遠難以辨認。一律假設是反彈較理想，反正如果遇到真正回升，也需要換股操作。

當選擇逆勢做多策略時，不該有能夠大賺的期待。短線較少量逆勢做多，可以降低自己空手觀望時的焦慮感。如果反彈成立，手中握有少許獲利部位，也較有利於後續加碼買進。逆勢做多最重要的功能是調適自己的投資情緒。

順勢做多

認定大環境已轉為多頭趨勢後再順勢做多，是追求獲利的重要時機，這時無須太在意本益比，不合理偏高的本益比反而表示未來展望佳。這時法人重視的是營收增長或是產業面出現利多，因此選擇法人有族群性買超的產業，再從中選擇投信追買的低庫存股票。若要選擇持股已高的熱門股，趁小幅回跌一兩天時承接是好主意。

多頭環境下還有很多其他的選擇。有可轉債題材、增資，並且融資增加的股票有可能是公司派炒作的目標（第四篇 P197，大戶與散戶使用融資習性差異章節），有可能入選 MSCI 新成分股的標的也值得短波段做多。

漲多後追價

　　若多頭已經持續數月，大部分股票都已出現漲勢後，順勢做多仍然可行，只是需要謹慎而為。多頭的後期外資會有許多權值性操作，大型股與籌碼已被吸納鎖定的認養股較容易上漲，同時投機水餃股也會群魔亂舞，這時選擇法人仍在加碼的認養股即可。不過如果遇到季節性易走空的時刻（第 1 季季報公布前與密集除權後），停止做多或至少做部分減碼是比較安全的策略。法人籌碼對於高檔轉折的時機無法提供有效的線索，這時輿論樂觀看多的說詞，財報一樣不可信，這些都是已知的舊聞。如果發現投信高庫存股票有連續拋售的現象時，就該果斷停損離場，控制損失。

長線認養族群

　　想要找尋超越大盤多空的股票，除了投信必須要積極認養，並且在跌勢中無大量拋售外，確認基本面的優勢是必要的工作。一檔會被投信長期認養的股票，大多具有專利技術與產業前景上的優勢，或是品牌經營已獲得成果。這類的股票在大盤跌勢的初期經常仍能保持漲

勢，只有空頭行情指數跌破重要關卡時才會補跌。長期認養股本益比偏高是合理的，每次大盤疑似方向轉為多頭時，都可以直接選擇這類標的，一直到投信出現重大拋售，庫存數量驟減超過高峰期 1/3 為止。

　　大盤的變數非常多，不論選擇順勢還是逆勢，都會包含一部分自己的主觀，也無法占太大的便宜。只需要用籌碼分析輔助修正，就會是有用的投資法則。投信籌碼變化是選擇做多時機的主要參考。但是何時賣出，需要靠經驗。選擇逆勢做多時，不論盈虧，通通都在 3 ～ 5 天內擇機出場是最簡便的策略。順勢做多時，投信籌碼無法提供出場的訊號。當發現外資大賣，個股或大盤發生重大基本面利空導致法人賣超，或是單純季節性因素進入最易走跌的時期，都該考慮出場。波段做多正常狀況下持股時間應該低於半年，若想更長線持有股票，投資人應該要花大量時間評估企業與產業的基本面優勢，才能提高自己的勝率。

【附錄二】
做空的要訣與注意事項

　　做空的要訣與做多完全不同。選擇做空的標的，最關鍵數據是庫存。最適合做空的股票都是眾所皆知的爛股，由於股市裡 95％以上的資金都在積極做多，公司、政府、法人都會積極想辦法讓股市上漲。因此，逆勢做空難度遠遠高於逆勢做多，選擇順勢做空或是盤整時做空才是上策。

順勢做空有兩個選擇

1. **拋售初期的做空選擇**：拋售初期跌勢起點大多是外資發動，重大財報利空，或是停券後，除權後等特定時間因素造成的。這時會看到「剩餘流通籌碼」以較快的比例增加，或者投信與外資在本益比已跌破 15 倍後仍積極砍殺。3 個月前或半年前仍是媒體與法人樂觀看多，庫存高於 30 億元，但目前已賣超造成庫存跌破 30 億元的才是做空的好標的。庫存 Top5，庫存／股本＞

20％的核心認養股反而不適合做空。這類股票投信出現單日 2,000 萬元以上賣超，就可能是做空時機。當大盤指數可能跌破重要技術分析關卡時，也是做空好時機。不過初期的拋售，跌勢並不會持續太久，遭遇大盤反彈，或是技術分析重大支撐（如年線）時，就該平倉。

2. **棄養後期的做空選擇**：當個股已經出現廣泛認同的利空，財報虧損，同時投信已賣出超過高峰時期 1/2 的持股，就可認定為棄養股。棄養後股價可以漫無止境的下跌，已虧損的企業都可能跌破 10 元淨值關卡，只要過去 3 年內曾經是投信核心持股，現在已出清仍應該要持續追蹤做空時間點。棄養後期的股票屬於「無人聞問」的股票，短線籌碼並無太多線索，投信早已出清，外資也不大買賣，連融資都已失去逢低承接的興致。這時用技術指標（MACD 跌破零軸是不錯的訊號）辨認做空時機點即可，大盤已反彈一段時間再平倉都來得及。

逆勢做空

當大盤仍在上漲，但個股已先行回檔橫盤，同時法人出現賣超的股票，的確可以考慮短線逆勢做空（實際上是選擇高檔橫盤股票來做空）。這樣的做空必須搭配非個股的外部因子，比如說相關的國際股與原物料報價出現意外驟跌，或是產業上游相關股票率先出現賣超回檔，如此才有機會取勝。這樣的條件不會經常出現，完全放棄尋找逆勢做空的機會，對投資人來說會是最簡潔的做法。

炒作結束，基本面已經不斷惡化的爛股名單，只要認真記錄過去多年的炒作股，就可以輕易列出一長串。做空不用標新立異的選股，也不會快速改變。最重要的是，耐心等待適合的時機出現。

目前台股近 1,400 檔股票中，股價低於 20 元的超過50％，台灣的產業正在轉型，在激烈的競爭中會有更多的企業被淘汰。未來即使股市有機會站穩萬點，適合順勢做空的股票仍會不斷增加，即使是永遠不做空的投資人，也該熟悉辨認爛股與辨認做空時機的技巧，才能成為台股投資裡的常勝軍。

高寶書版集團
gobooks.com.tw

RI 263

從法人手中賺到錢：全台第一本類股籌碼分析全攻略

作　　者	林洸興
編　　輯	吳怡銘
校　　對	林洸興、吳怡銘
排　　版	趙小芳
美術編輯	塚原　櫻、黃鳳君
出　　版	英屬維京群島商高寶國際有限公司台灣分公司
	Global Group Holdings, Ltd.
地　　址	台北市內湖區洲子街88號3樓
網　　址	gobooks.com.tw
電　　話	（02）27992788
電　　郵	readers@gobooks.com.tw（讀者服務部）
	pr@gobooks.com.tw（公關諮詢部）
傳　　真	出版部（02）27990909　行銷部（02）27993088
郵政劃撥	19394552
戶　　名	英屬維京群島商高寶國際有限公司台灣分公司
發　　行	希代多媒體書版股份有限公司/Printed in Taiwan
初版日期	2012年11月

國家圖書館出版品預行編目（CIP）資料

從法人手中賺到錢：
全台第一本類股籌碼分析全攻略/林洸興著.
-- 初版. -- 臺北市:高寶國際出版:
希代多媒體發行, 2012.11
　面；　公分. --（致富館；RI 263）

ISBN 978-986-185-769-5（平裝）

1.股票投資　2.投資分析
563.53　　　　　　　　101019646